민 선생의 우리말 이야기

자장면이 아니고 짜장면이다

자장면이 아니고 짜장면이다

발 행 | 2016 년 11월 17일

지은이 | 민송기
펴낸이 | 신중현
펴낸곳 | 도서출판 학이사
　　　　　 출판등록 : 제25100-2005-28호
　　　　　 주소 : 대구광역시 달서구 문화회관11안길 22-1(장동)
　　　　　 전화 : (053) 554~3431, 3432
　　　　　 팩스 : (053) 554~3433
　　　　　 홈페이지 : http : // www.학이사.kr
　　　　　 이메일 : hes3431@naver.com

표지디자인 | 박병철 대구예술대학교 교수

ISBN _ 979-11-5854-040-1　03710

민 선생의 우리말 이야기

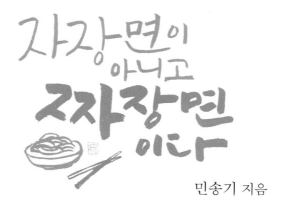

자장면이 아니고 짜장면이다

민송기 지음

學而思 | 학이사

머리말

　내가 국어 선생이라고 하면 어떤 이들은 문자를 보내는 것도, 말을 하는 것도 불편해 한다. 국어 선생이라고 하면 왠지 바른 말 고운 말을 쓰라고 일일이 지적할 것 같고, 왠지 비속어나 외래어, 외국어 대신에 순화어를 고집해서 쓰라고 할 것 같기 때문이라고 한다. 그러나 그것은 우리말에 대한 잘못된 이해에서 비롯된 것이다. 사실 나는 다른 사람들의 기분 좋은 대화에 끼어들어서 사람들이 큰 문제없이 쓰는 말에 대해 지적하는 사람들을 별로 좋아하지 않고, 남에게 지적하는 것도 좋아하지 않는다. 왜냐하면 남을 지적하는 말이 나에게로 돌아와 나를 부자유스럽게 만들기 때문이다.

　사람들은 표준어를 바른말 고운 말이라고 생각한다. 그런데 국립국어원에서 '짜장면'이라고 쓰지 말고 '자장면'으로 쓰라고 그렇게 이야기를 했는데도 사람들이 '짜장면'이라고 쓰는 이유는 무엇일까? 그것은 바로 말이라는 것이 사람들의 삶 속에서 생겨나서 끊임없이 변화하는 것이기 때문이다. 그래서 그 속에는 오랫동안 말을 써 온 사람들의 삶과 더 적절한 말에 대한 감각이 녹아 있다. 사라진 말은 사람들의 선택을 받지 못한 이유가 있을 것이며, 지금 남아 있는 말은 남아 있는 이유가 있을 것이다.

말이라는 것은 국어학자나 국어 교사들이 강제로 어떻게 쓰라고 해서 정해지는 것이 아니다. 사람들이 '자장면'이라는 말을 쓰지 않은 이유는 '자장면'이라는 말이 어색하고, 까맣고 반들거리는 음식을 표현하기에 적절하지 않다고 생각했기 때문이다. 이것은 바른말 고운 말이라는 것이 무엇인지를 보여주는 것이다. 바른말 고운 말은 누가 지정한 말이 아니라 사람들 사이에서 가장 상황을 표현하는 데 적절한 말이라고 인정된 말이고, 가장 사람들을 기분 좋게 하는 말들이다. 그래서 어떤 말이 바른말 고운 말인지를 이야기하는 것은 규정을 찾아 '따르는' 것이 아니라 사람들의 삶을 통해서 '생각해' 보는 것이다.

국어 선생이 쓰는 '우리말 이야기'라고 하면 표준어 규정에 대해 해설하는 글이라고 생각할 수 있다. 그러나 그런 책은 많고 많은데 굳이 내가 세상에 고리타분한 책 하나를 더할 이유는 없었다. 이 책은 쉽고, 가볍게 우리말에 담겨 있는 삶을 '생각해' 보는 책이다. 독자들이 우리말을 통해 지식과 세상에 대한 시야를 넓히는 데 조금이나마 도움이 되었으면 한다.

2016년 11월
민송기

차 례

머리말 · 4

1부 _ 바른말 고운 말에 대한 고정관념을 넘어서

2부 _ 논리적으로 생각해 보는 말

3부 _ 문학 읽기의 즐거움

4부 _ 즐기는 우리말 공부

제1부

바른말 고운 말에 대한
고정관념을 넘어서

깨알 하나 모로 심을 땅

우리 동네 한 호프집에는 "지나친 과음은 고맙습니다."라는 팻말이 붙어 있다. 그걸 SNS에 올렸더니 "ㅋㅋㅋ 주인아저씨 센스쟁이!", "저 술집에서 과음하고 싶네요 ㅎㅎ" 이런 댓글들이 올라왔다. 주인아저씨의 재치 있는 말로 인해서 아주 즐겁고 유쾌한 상황인데, 이런 상황을 유쾌하게 즐기지 못하고 매우 심기가 불편한 사람들도 있다. 바로 '바른말 고운말'을 강조하는 국어 선생님들이나 아나운서들이다. 그 사람들이 보기에는 'ㅋㅋㅋ', 'ㅎㅎ'와 같은 국어를 파괴하는 행위도 못마땅할 뿐만 아니라 '지나친 과음'이라는 표현도 거슬리기 짝이 없는 부분이다. '과음過飮'이라는 말이 지나치게 마신다는 뜻인데, 거기에 '지나친'을 쓰는 것은 잉여 표현이기 때문이다.

세상에는 말에 대해 잘 모르기 때문에 즐겁게 사는 사람이 있고, 알기 때문에 불쾌한 사람이 있으며, 알아도 즐겁게 사는 사람이 있다. 세 번째가 가장 이상적인 사람이겠지만, 첫 번째와 두 번째 중에 택하라면 나는 첫 번째가 차라리 더 낫다고 생각을 한다. 많이 알아서 불쾌할 일이 더 많아진다면 굳이 알 필요가 있을까?

알아도 즐거울 수 있는 이유는 이렇다. 먼저 'ㅋㅋㅋ'나 'ㅎㅎ'와 같은 경우 말과 글의 표현법이 다르듯이 매체가 달라지면 그에 적합한 표현이 있기 마련인데, 그것을 국어의 파괴와 연결시키는 것은 무리이다. (영어에서도 채팅을 할 때는 'for you'를 '4 u'와 같은 식으로 표현하는데, 그렇게 따지면 세상의 모든 언어들은 파괴되고 남을 것이 없을 것이다.) 그리고 '지나친 과음'이라는 말은 '지나친 음주'를 잘못 쓴 것이기는 하지만 잉여 표현이 있으면 모두 잘못된 표현인가는 논란의 여지가 있다. '역전驛前 앞 다방'을 '역전 다방'으로 고치는 것은 수긍할 수 있다. 그런데 '과반수過半數를 넘었다.'를 '과반수이다.'나 '반수를 넘었다.'고 표현하라고 하면 조금 어색하다. '박수拍手를 치다.'의 경우 '박拍'에 '치다.'라는 의미가 있기 때문에 이것도 일종의 잉여 표현이다. 그렇다고 잉여 표현을 없애기 위해 '손을 치다.', '박수를 하다.' 이렇게 표현하는 것은 더 이상한 일이다. 이처럼 언어 규범이라는 것은 절대적인 것은 아니다. 사람들이 자연스럽게 쓰고, 그것이 의사소통에 큰 문제를 야기하지 않는다면, 혹은 상황을 더 적절하게 표현할 수 있는 말이라면 시대에 맞게 바뀔 수가 있다.

한편으로는 호프집 주인이 이런저런 규범들을 의식했다면 그와 같은 재치 있는 표현이 나왔을까 하는 생각도 해 본다. (이건 '이영돈의 먹거리 X파일'이나 '불만 제로'와 같은 프로그램을 열심히 본 사람에게 먹을거리가 없는 것과 같은 이치이다.) 10여 년 전 연수를 받을 때 한 강사가 "밀크셰이크를 밀크쉐이크로 쓰는 사람을 보면 칼로 찌르고 싶다."라고 한 말은 지금도 분명히 기억난다. 그 삭막한 표현은 섬뜩하기 그지없었다. (솔직히 나도 잘 모르기 때문에 칼 맞지 않을까 하는 걱정도 되었다.) 그 강사의 말은 규범에는 맞을지 몰라도 결코 호프집 주인의 표현에는 미치지 못한다.

어릴 적 동네 아지매들은 이런 대화들을 자주 하셨다.

"도개 들이 넓다고 도개로 시집 왔는데, 와 보이 깨알 하나 모로 심을 땅도 내 땅은 없더라."

"하이고 형님네는 다리못골 논이라도 있지, 우리는 빈대 새끼 무릎 꿇고 기도할 땅도 없었어요."

내용을 보면 굉장히 슬프고 힘겨운 생활이 들어 있는데, 전혀 슬프게 느껴지지 않고 오히려 웃음이 난다. 그런 상황에서 황당한 과장법을 쓸 수 있다는 자체가 삶을 긍정적으로 보는 마음과 여유로움이 있기 때문이다. 그리고 무엇보다 이런 말을 들으면 듣는 사람도 기분이 좋아진다. 이런 표현이 가능한 것은 언어규범이나 논리를 잘 배워서 그런 것이 아니라 생활에서 우러나오는 직관에서 나오기 때문이다. 말을 통해 인간관계가 이루어지는 일상생활에서 바른말 고운 말이라는 것은 바로 이런 재미있는 말들이 아닐까.

순화어의 운명

국립국어원에서는 외국어를 순화할 수 있는 말을 선정하여 발표를 한다. 대표적인 몇 개를 보면, 스마트폰은 '똑똑전화', 킬힐은 '까치발구두', 리얼 버라이어티는 '생생예능', 팔로어는 '딸림벗', 스펙은 '공인자격', 세꼬시는 '뼈째회', 퀵서비스는 '늘찬배달', 러브샷은 '사랑건배' 등이다. 이 중에서 '동아리', '누리꾼' 정도의 지지를 받아서 사용될 수 있는 말이 '뼈째회'와 '딸림벗' 외에는 잘 보이지 않는다. 그 이유는 국립국어원에서 제안한 말들이 순우리말에서만 찾으려 하다 보니, 대체할 수 있는 어휘가 상당히 적고, 찾아낸 어휘가 일반인들이 연상하는 것과는 큰 차이가 있기 때문이다.

우리가 사용하는 말은 사전적 의미 외에도 어감이나 연상적 의미가 함께 들어 있다. 예를 들어 다방, 찻집, 커피숍이라고 하면 떠오르는 느낌 자체가 다르다. 다방이라면 왠지 좁은 계단을 지나 지하나 2층에 있고, 소파로 된 의자에 백구두를 신은 중년 신사와 붉은 립스틱을 바른 레지가 앉아 있고, '그리움만 쌓이네' 와 같은 늘어지는 음악이 흘러나올 것만 같다. 반면 찻집은 전통적인 문양으로 장식되어 있고 개량 한복을 입은 주인이 명상 음악을 틀어줄 것 같은 느낌이 든다. 커피숍은 1층이나 2층에 있고, 벽은 유리로 되어서 안과 밖에 훤히 통하고, 안을 보면 젊은 사람들이 수다를 떨거나 노트북을 만지고 있을 것이며, 계산할 때는 꼭 포인트 적립을 해야 할 것 같은 느낌이 든다. 사람들이 각각에서 연상하는 것이 이처럼 다르기 때문에 커피숍을 아무리 다방이나 찻집으로 순화하자고 해도 사람들이 따르지 않는 것이다.

사람들의 머릿속에 이미 풍부한 연상적 의미를 가지는 것은 아무리 외국어보다 간단하게 표현할 수 있다 하더라도 억지로 바꾸기가 힘들다. '핸드폰' 을 '손전화' 로 순화하자는 것은 상당히 설득력이 있었지만 정착이 잘 되지 않고 있다. 왜냐하면 이미 사람들의 머릿속에는 '전화' 와 '폰' 이 다르게 자리 잡고 있기 때문이다. 이것은 아이가 "폰 좀 사 주세요." 라고는 하지만 '전화' 사 달라고는 하지 않는다. 집전화가 울렸을 때 "전화 받아라." 라고 하지 '폰' 받으라고 하지 않는 것을 보면 쉽게 이해를 할 수 있다. 스마트폰을 '똑똑전화' 라고 하자고 할 때, '폰' 을 '전화' 로 순화하기도 어렵고, '똑똑

하다'와 '스마트하다'는 어감이나 연상되는 의미에도 차이가 있기 때문에 정착이 쉽지 않은 것이다.

'팔로어'나 '세꼬시'의 경우 말뜻을 직관적으로 파악하기 어렵고, 상대적으로 많이 쓰이지 않는다. 이런 말들의 경우는 우리말로 순화하기가 쉽다. 인터넷 게시판을 이용할 때 다른 사람의 글에 의견에 답을 다는 것을 'reply', 줄여서 '리플'이라고 했다. 이 단어는 일상적으로 잘 쓰이지 않는 영어 단어다 보니 연상적 의미도 잘 형성되어 있지 않았다. 그때에 더 나은 대안인 '댓글'이라는 말이 제안되었기 때문에 지금은 자연스럽게 쓰이고 있는 것이다. 순화어를 순우리말에서 찾아야 한다는 강박관념에서 벗어나면 보다 소통이 쉬운 말을 만들어 낼 수 있을 것이다.

99%가 틀리는 맞춤법

우리말 맞춤법에서 가장 까다로우면서 사람들의 거부감이 심한 것이 사이시옷이다. 사이시옷에 대해 맞춤법 규정에는 매우 복잡하게 설명해 놓았는데, 정리를 해 보면 ① 합성어일 때, ② 우리말+우리말 또는 우리말+한자어일 때, ③ 뒷단어의 첫소리가 된소리로 나거나 ㄴ이 덧날 때 ④ 여기에 해당하지 않지만 예외적으로 쓰는 것 6개에서 사이시옷을 쓴다는 것이다.

이 규정에 따르면 '해+님'의 경우 '님'이 접사로 ①에 해당하지 않으므로 '햇님'으로 쓰지 않는다. 수능 문제의 문두에 쓰이는 '위 글'은 한 단어가 아니므로 사이시옷을 쓰지 않았지만, 작년 수능부터 국립국어원에서 한 단어로 보아야 한다 하여 '윗글'로 바꾼 것도 합성어로 인정되느냐와 관련이 되는 것이다.

②의 규정은 판단하기가 매우 힘들다. '전세傳貰+집'은 한자어+우리말이기 때문에 '전셋집'으로 쓰지만 '전세+방房'은 한자어+한자어이기 때문에 '전셋방'으로 쓰지 않는다. '세貰+방房'은 한자어+한자어의 결합이지만 ④의 6개에 속하기 때문에 '셋방'으로 쓴다. 그리고 '피자+집'의 경우 '피자'가 외래어이기 때문에 '피자집'으로 쓰지만, '담배, 남포'와 같이 오래된 외래어는 우리말로 인정해서 '남폿불, 담뱃재'와 같이 쓴다. 한자어, 순우리말, 외래어의 경계가 모호한 상황에서 어원을 알아서 판단을 하라는 것은 매우 가혹한 일이다.

③의 규정도 생각보다 까다로운데 '위+집'은 [위찝]으로 소리가 나기 때문에 '윗집'으로 쓰지만, '위+쪽'이나 '위+층'은 음운의 변화가 없기 때문에 '윗쪽, 윗층'으로 쓰지 않는다. 사람들은 일관적으로 편하게 쓰려는 경향이 있기 때문에 많이 틀리는 것이다.

사람들이 이 규정에 거부감이 강하다는 것은 전통적으로 사용해 오는 지명이나 도로명 주소로 바뀌면서 새로 만든 지명을 보아도 알 수 있다. 원칙적으로는 '경북댓길(경북대길), 능인곳길(능인고길), 까칫골(까치골), 여웃고개(여우고개), 미아릿고개(미아리고개)' 등과 같이 사용해야 하지만 그렇게 쓰는 곳은 거의 없다. 수학 선생님들은 '최댓값, 대푯값'이런 말을 문제에 쓸 때마다 늘 투덜거린다. 왜냐하면 '최대, 대표'와 같은 원래의 말을 사이시옷이 너무나 어그러뜨리기 때문이다.

인터넷에 보면 99%가 틀리는 맞춤법이라는 게 있다. 사람들은 보통 '막내동생'이라고 쓰고 그대로 읽는데, 정확한 맞춤법은 표준 발음이 [망내똥생]이기 때문에 '막냇동생'으로 적어야 하는 것이다. 이렇게 써 놓고 보면 아무리 보아도 어색하기 그지없다. 대부분의 반응들이 그런 것을 보면 99%가 틀리는 맞춤법이라는 게 빈말은 아닌 듯싶다. 그런데 여기에서 사람들의 국어 실력을 탓하기 전에 먼저 생각해 보아야 할 것이 있다. 사람들이 두루 쓰는 말을 기준으로 삼는 언어 규정에서 99%가 틀린다면 그것은 99%가 잘못된 것이 아니라 규정이 잘못된 것으로 보아야 하지 않을까?

저우룬파와 유나 킴

　인기리에 막을 내린 드라마 〈응답하라 1994〉의 후속으로 만약 〈응답하라 1989〉를 제작한다면 이야기의 주인공들은 아마 아버지 버버리 코트를 훔쳐 입고, 성냥 하나 물고서 폼을 잡던 아이들이 될 것이다. 그만큼 1980년대 후반부터 1990년대 초반 대한민국의 문화계는 주윤발, 장국영, 왕조현, 임청하, 성룡, 원표, 여명과 같은 홍콩 배우들을 빼놓고 말할 수가 없다. 한국 이름과 비슷하지만 약간 이국적인 느낌이 있는 그들의 이름은 친근하면서도 강렬한 느낌을 가지고 있었다.

　그런데 2001년부터 신문에서 이들의 이름은 사라지고, 저우룬파, 장궈룽, 왕주셴, 린칭샤와 같은 이름들이 등장하기 시작했다. 전혀 친근하게 느껴지지도 않고 우리가 사랑했던 배우의 느낌은 전혀 나지 않는다. 이들의 이름을 이렇게 무리하게 표기하는 것은 국립국어원에서 제정한 외래어 표기 규정과 관련이 있다. 국립국어원에서는 외래어 표기 규정을 적용해 외국인의 인명도 심의하여 규정한다. 국제 교류가 빈번해진 시대에 다른 나라 사람들의 이름을 정확하게 불러주는 것이 중요하기 때문에 외국 인명 표기는 외래어 표기 규정을 지키면서도 원래 발음을 최대한 존중하는 쪽으로 정하고 있다.

그런데 중국어의 경우는 외래어 표기 규정 제4장 제2절 제1항에 "중국 인명은 과거인과 현대인을 구분하여 과거인은 종전의 한자음대로 표기하고, 현대인은 원칙적으로 중국어 표기법에 따라 표기하되, 필요한 경우 한자를 병기한다"라는 규정을 두고 있다. 이 규정에 따라 신해혁명(1911년) 이전 시대의 인물인 '孔子'의 경우 '콩즈'라고 하지 않고 '공자'로 쓰고, 이후 시대의 인물인 '毛澤東'은 '마오저뚱'〔毛澤東〕과 같은 방식으로 쓰게 한 것이다.

그런데 흥미로운 것은 국립국어원에서 '저우룬파'라고 쓰라고 하고, 신문에서도 '저우룬파'라고 쓰고 있음에도 불구하고, 구글에서 '주윤발'로 검색했을 때는 100만 건이 넘는 문서가 나오지만 '저우룬파'로 검색했을 때는 겨우 2만 건의 문서가 나온다는 점이다. 한마디로 사람들은 '저우룬파'라는 이름을 안 쓴다는 이야기다. 그 이유는 국립국어원에서 제안한 이름은 너무 어색하고, 그 이름으로는 배우들을 구분하기가 힘들기 때문이다. 그리고 한 가지 더 생각할 점은 중국말과 우리말은 발음 체계가 달라서 아무리 비슷하게 한다 하더라도 정확한 중국 발음과는 다를 수밖에 없다는 것이다. 일본 사람들은 '용'을 발음하지 못해 '용사마'가 아닌 자기들 식으로 '욘사마'로 부른다. 독일 사람들은 '차범근'을 자기들 식으로 '차붐'으로 부른다. 전 세계 사람들은 '김연아'를 영어 표기대로 '유나 킴'이라고 부른다. 우리 언론에서는 그걸 역수입해서 '유나 킴이 돌아왔다!'와 같은 제목을 쓴다. 그러면서도 주윤발은 우리 식으로 부르지 못하게 하는 것은 문제가 있다.

밴드 왜건과 대세

〈살인마 잭〉이라는 제목으로 공연을 했다가 망했던 뮤지컬이 똑같은 뜻의 제목 〈잭 더 리퍼〉라는 제목으로 새롭게 공연을 하여 흥행에 성공한 예가 있다. 제목을 바꾸면서 공연 내용을 약간 수정한 부분이 있지만, 가장 큰 이유는 제목에서 느껴지는 어감의 차이가 크기 때문이다. '살인마 잭'이라고 하면 뭔가 끔찍하고 잔인한 내용이 나올 것이라는 느낌, 즉 연인과는 함께 보기 힘들 것이라는 느낌이 들지만, '잭 더 리퍼'라고 하면 '무엇을 하는지 모르지만 왠지 있어 보이는 잭'이라고 연상이 된다.

우리나라 사람들이 외국어를 그대로 쓰는 것에 대해서 일부 학자들은 거부감을 가지고 있지만 실제로는 우리말로 순화하는 것이 잘 안 되는 이유는 '살인마'의 예에서 볼 수 있는 어감 때문이다. 1974년에 방송에서 너무 외래어를 남발한다는 학계의 지적을 받은 정부가 '방송용어 정화위원회'를 설립하고 무조건 순우리말이나 한자어로 바꾸라고 강제한 적이 있다. 그래서 '가요 페스티벌'은 '가요 대향연'으로, '해외토픽'은 '해외소식'으로 바꾸고, 가수들 이름까지 '블루벨스'는 '청종들'로, '어니언스'는 '양파들'로 강제로 개명을 시켰다. 지금 보면 우습기 그지없는 이 일은 '양파'가 불러일으키는 연상과 느낌은 '어니언'이라는 잘 모르는 말에서 느껴지는 이국적인 느낌과 다르다는 것을 간과한 것이다. 그래서 우리말만의 순화를 주장하는 국어학자들이 이상적으로 생각했던 상황이 우리 역사의 부끄러운 한 페이지로 남아 있다.

어감의 영향을 크게 받지 않는 학술 용어들 중에는 우리말로 번역을 해도 의미가 잘 통하지 않아서 그냥 원어를 사용하는 경우도 많다. 명절에 친척들이 많이 모이면 꼭 빠지지 않고 하는 이야기가 정치에 관한 이야기들이다. 이때 괜한 논쟁을 만들지 않기 위해서 사람이 많이 지지하는 쪽으로 의견이 모아지는데, 사람들이 많은 쪽을 따라가는 것에 대해 정치학에서는 '밴드 왜건' 효과라고 한다. '밴드 왜건'은 악대 마차를 뜻하는 것으로 서커스단이나 축제의 악대 마차가 가면 사람들이 자기도 모르게 몰려가는 것에서 생긴 말이다.

우리가 국어 순화를 하려는 가장 큰 이유는 의사소통의 편리를 위해서이다. 그런데 우리나라 사람들에게 '밴드 왜건'

이라고 하면 곧바로 어떤 의미인지 알기 어렵기 때문에 이 용어만으로는 의사소통에 장애가 생긴다. 그래서 '밴드 왜건' 효과란 어떤 현상을 의미한다, 왜 '밴드 왜건'이라고 한다는 두 단계의 설명을 덧붙여야 한다. 그런데 이를 순화하기 위해 그대로 번역해서 '악대 마차' 효과라고 하면 역시 두 단계의 설명을 거쳐야 하므로 의사소통상의 유리함이 전혀 없다. 사실 이 상황에 꼭 맞는 우리말로 '대세'라는 말이 있다. '대세'가 되면 지지자가 늘기 때문에 너도나도 '대세'임을 강조한다. 이처럼 우리말 순화는 외국어를 그대로 번역을 한다고 되는 일이 아니라 어감과 의미 등을 우리 상황에 맞게 해야 사람들의 공감을 얻을 수 있다.

단언컨대

　내가 고3 담임을 처음 했을 때 한 학생에게 배치표상으로 점수가 많이 남아서 "너는 확실히 된다."라고 말했었다. 그런데 그해 그 과에 하향 지원한 학생들이 몰리면서 그만 떨어지고 말았다. 다행히 그 학생은 정시에서 원하는 대학에 들어가게 되었지만, 나는 수많은 변수가 작용하는 입시를 너무 단순하게 생각하고 경솔하게 말했음을 반성하고, 그 뒤로는 학생들에게 100%에 가까운 확률을 가지고 있는 것이라도 절대로 100%라고 말하지 않게 되었다. 그래서 지금도 '된다.' 라는 단정적인 표현보다는 '될 것 같다.', '될 가능성이 있다.' 와 같은 표현을 주로 쓰고 있다.

　그런데 문제는 '같다' 를 많이 쓰는 것에 대해 일부 언어학자들은 잘못된 표현이라고 20년 가까이 주장하고 있으며, 교과서 문법 문제에서도 잘못된 언어 표현의 예로 들고 있다는 것이다. 자신의 감정, 판단마저도 확실하게 이야기하지 못하는 우유부단함과 모호함은 바른 언어 표현이 아니라는 것이다. 그러나 현실에서 "이 옷 잘 어울려?"라는 질문을 받았을 때, "잘 어울려."라고 말하지 않고 "잘 어울리는 것 같아."라고 말하는 것이 크게 잘못되었다고는 생각되지 않는다. 왜냐하면 지금의 옷이 다른 옷보다 더 잘 어울린다는 확신이 없어서 단정적으로 말하지 않은 경우가 더 많기 때문이고, '내 마음 나도 잘 몰라' 하는 노랫말처럼 자신의 마음을 확실하게 이야기하기 어려울 수도 있기 때문이다.

우리가 세상을 인식하는 것은 흔히 '장님 코끼리 만지기'에 비유가 된다. 우리는 사람에 대해서건 사물에 대해서건 그저 일부분만 보고 판단을 해서 말한다. 최대한 많이 만져 보면 만져본 것들을 조합해서 코끼리는 기둥 같은 다리를 가지고 있고, 벽체 같은 몸통이 있으며, 부채 같은 귀가 있다는 식으로 실체에 근접할 수 있겠지만, 그래도 그것은 완전하지 않다.

일제강점기 안동에는 조선 최고의 파락호로 불렸던 김용환이라는 분이 있었다. 사람들은 김용환을 보고, 딸의 혼수 비용까지 노름으로 탕진한 비정한 아비로 욕을 했다. 그러나 훗날 김용환이 탕진했다고 알려진 재산들은 독립군의 자금으로 흘러 들어갔음이 밝혀졌다. 독립 자금 모금이 어렵던 시절 일제의 눈을 피해 자금을 조달하기 위해 파락호 행세를 하고 다

넀던 것이다. 당대 사람이라면 김용환의 겉만 보고 누구나 김용환이 망나니라는 것에 동의했겠지만 그것이 실체와는 크게 다른 것이다.

요즘 광고에서 "단언컨대 메탈은 가장 완벽한 물질입니다."라는 카피가 여러 패러디를 낳으면서 화제가 되고 있다. '단언컨대'라는 말이 일상에서는 잘 쓰지 않는 말이라 상당히 엄숙해 보이면서 신뢰감을 주는 면이 있긴 하다. 그런데 잘 생각해 보면 세상에는 메탈보다 더 나은 물질은 얼마든지 있을 가능성이 있다. 그럼에도 '단언'한다는 것은 그 가능성을 닫아 버리는 것이 된다. 굳이 이와 같은 예가 아니더라도 우리 사회를 둘러보면 '같다'를 많이 쓰는 데서 생기는 문제보다 좁은 시야로 '단언'을 하는 데서 생기는 문제가 더 많은 것 같다.

개 많다

대학 시절 구비문학론 수업 과제를 핑계 삼아 주말마다 경기도 양평 일대를 혼자서 떠돌아다닌 적이 있다. 목적지도 없이 그저 녹음기 하나를 들고 다니면서 사람을 만나면 아무나 말을 붙이고 노래를 듣고 옛날이야기들을 들었다. 양동면에 있는 금왕리라는 마을 입구에 도착했을 때 처음 마주친 사람이 초등학교 고학년으로 보이는 아이였다. 나는 마을 이름이 특이하다는 생각에 혹시 마을 이름이 왜 금왕리인지 아냐고 물었더니 아이는 "옛날에 이 동네에서 금이 '왕' 많이 나와서 금왕리예요."라고 말하는 것이다. 나중에 어른들한테 들어 보니 마을에 금광이 있었다고 하는데 그것 때문에 마을 이름이 만들어진 것은 아니라고 했다. 아이의 말이 한편으로는 어이없지만 마을의 내력을 조금은 알고 있다는 점이 기특하게도 생각되었다.

지금 생각해 보면 아이의 말과 같은 이유로 마을의 이름을 지었다면 마을의 이름은 그 전에 '금캡리' 였을 것이며, '금왕리' 에서 '금짱리' 를 거쳐 지금은 아마 '금개리' 가 되었을 것이다. 대충 짐작을 하겠지만 이것은 언어의 유행과 관련이 있다. 1980년대 말에서 90년대 초에는 보통보다 크거나 정도가 심할 때에는 '캡틴' 에서 온 말인 '캡' 을 많이 사용했었는데, 점차 '왕' 이라는 말로 대체가 되었다. 컵라면 광고에서 최고라는 의미로 사용한 "왕입니다요." 라는 카피는 당대 최고의 유행어 중 하나였는데, 이 영향 때문인지 원래는 '왕개미, 왕게, 왕소금, 왕겨' 와 같이 접두사로만 쓰이던 말이 명사뿐만 아니라 '왕 따돌림' (줄여서 왕따), '왕 많다', '왕 좋다' 와 같은 부사로까지 사용되기도 했다. 현재는 '왕' 을 부사로 사용하는 사람은 없지만 이제는 표준어로 사전에 등재된 '왕따' 와 같은 말에 유행의 흔적이 남아 있다. 그 뒤를 이어서는 '왕' 처럼 우두머리를 뜻하는 '장長' 에서 온 '짱' 을 쓰기도 했다.

　요즘 학생들이 말하는 것을 보면 과거에 '왕' 을 썼던 자리에 전부 '개' 를 쓰고 있다. 매우 많은 것은 '개 많다' 고 하고, 박해민 선수가 뛰는 것을 보고는 '개 빠르다' 고 한다. 단축 수업을 해서 한 시간 일찍 마치거나, 조금 공부해서 시험 점수가 많이 올랐을 때는 '개이득' 이라고 한다. 좋은 것을 나타낼 때 요즘 '꿀' 이라는 표현을 많이 쓰는데, 매우 좋은 경우에는 '개꿀' 이라고 한다. 어른들에게 '개' 는 욕을 할 때 사용되는 말이거나 '야생 상태의' 또는 '질이 떨어지는', '사이비' 의 뜻을 가진 부정적인 의미의 접두사를 연상하기 때문에 젊은 사람들이 그런 말을 쓰는 것을 좋지 않게 본다.

흥미로운 점은 '왕' 과 '개' 는 어감은 매우 다르지만 사용 원리는 매우 비슷하다는 것이다. 접두사 '왕-' 은 사전에 보면 앞에서 이야기한 단어들 외에 '왕가뭄, 왕고집' 처럼 '매우 심한' 의 뜻을 더하는 것으로 사용된다. 1990년대에는 이 접두사 '왕-' 을 아무데나 갖다 붙였던 것이라고 할 수 있다. 접두사 '개-' 를 사전에서 찾아보면 '개살구, 개떡' 처럼 질이 떨어진다는 의미, '개꿈, 개죽음' 처럼 헛되거나 쓸모없다는 의미로 사용이 된다. 그리고 '개망나니, 개잡놈' 처럼 부정적인 말 앞에 쓰여 정도가 심함을 나타낼 때 쓰이기도 한다. 이때의 '개-' 는 '왕고집' 의 '왕-' 과 비슷한 의미로 사용되는 것이다. 원래는 부정적으로 사용되던 접두사를 정도가 심하다는 의미로 모든 상황에 갖다 붙이고 있는 것이다. 접두사뿐만이 아니라 명사로, 부사로 다양하게 사용되는 것도 비슷하다.

어른들은 젊은 사람들이 '개-' 라는 말을 많이 사용하는 것에 대해 우려의 말을 하는 경우가 많다. 그렇지만 10년 후, 20년 후에도 사람들이 계속해서 이 말을 사용할 가능성은 적어

보인다. 요즘 세상에 '왕 많다', '짱 좋다' 라는 말을 하면 20세기에 냉동되었다가 깨어난 인간 취급을 받게 된다. 마찬가지로 '개 많다' 는 말도 그렇게 될 가능성이 높다. 그것이 바로 한 때 유행했던 말이 가지는 운명이다.

수고하세요

  수능 국어 B형에는 올바른 국어 예절이 성취기준의 한 항목으로 들어가 있다. 그런데 이 부분의 교과서 내용들 중에는 이렇게 쓰면 안 된다는 내용이 많지만 대신 이렇게 쓰라고 하는 것은 없거나 지나치게 어색한 경우가 많다. 교과서에 "할머니, 건강하세요."가 아니라 "할머니, 건강하게 지내세요."라고 해야 한다는 것에 학생들은 시험에 나오니까 외우기는 하겠지만 그렇게 쓰지는 않겠다는 반응이 대부분이다. 그리고 어떤 학생이 "어른들한테 명령형을 쓰는 것이 맞지 않다면서 바꾼 말도 왜 명령형이예요?"라고 하면 다른 학생은 "그럼 어떻게 말하라구. 모르는 게 약이야." 하고 자기들끼리 토론을 하기도 한다. 학생들에게 이런 언어예절에 대한 자기 의견을 말해 보라고 하면 대부분은 국어 교과서에 대한 성토장이 되는데, 학생들이 가장 많이 거론하는 것이 바로 '수고

하세요.' 라는 말이다.

우리는 가게에서 물건을 사고 나오거나 택시에서 내릴 때, 혹은 일하고 있는 사람과 헤어질 때 '안녕하세요.' 라는 말처럼 별 뜻 없이 '수고하세요.' 라고 말을 한다. 이렇게 말을 하는 것에 대해 크게 이상하다고 느끼는 사람은 별로 없다. 그런데 표준 언어 예절에서는 '수고하세요.' 라는 말이 윗사람에게 고생하라고 명령형으로 이야기를 하는 것이기 때문에 윗사람의 기분을 나쁘게 할 수 있다는 것이다. 그러므로 가게에서 물건을 사고 나올 때나 택시에서 내릴 때는 '수고하세요.' 대신 '감사합니다.' 와 같은 말을 쓰는 것이 옳다고 한다. 일하고 있는 사람과 헤어질 때는 '먼저 가 보겠습니다.' 정도의 말을 하는 것이 옳다고 한다. 더불어 윗사람과 헤어질 때 자주 쓰는 '건강하세요.' 나 '행복하세요.' 와 같은 말도 '건강하다', '행복하다' 와 같은 형용사에 명령형을 붙인 것이기 때문에 어법에 맞지 않는 말이므로 앞에서 이야기한 것처럼 '건강하게 지내세요.', '행복하게 사세요.' 와 같이 말하는 것이 옳다는 것이다.

이 내용을 시험 문제로 출제하려고 하면 국어 교사들 사이에서는 격렬한 논쟁이 일어난다. 주로 어학 전공자들은 표준이나 규범에 대해서 가르쳐야 하며, 표준이나 규범을 알고 있는 사람이 손해를 보아서는 안 된다는 입장인 반면, (나를 포함하여) 주로 문학을 전공한 사람들은 그 말을 듣고 기분 나쁘해하는 사람이 잘못된 것이라는 입장이다. 만약 기분 좋게 남들 하는 것처럼 '수고하세요.'라고 인사하고 가는 사람에게 "자네 지금 나더러 고생하라고 명령하는 건가? 그건 올바른 언어 예절이 아니지."라고 말하는 사람이 있다면, 기분이 나쁘지고 그 사람에게는 앞으로 말을 걸지 않는 게 상책이라는 생각부터 하게 된다. 이것을 두고 누가 올바른 언어생활이라고 할 수 있을까. (수능에 만약 이 내용이 나온다면 학생들이 답을 찾을 수 있기를 바라지만.)

사람들은 보통 다른 사람을 만나면 '안녕하세요.', '식사하셨습니까?'라는 말을 먼저 건넨다. 이것은 몸이 편안한지, 식사를 했는지 궁금해서 하는 말이 아니다. 이 말들은 특별한 뜻은 없지만, 이 말들을 시작으로 인간관계가 맺어지므로 없어서는 안 될 말이다. 이러한 언어의 역할을 '친교적 기능'이라고 한다. 친교적 기능을 가진 말들은 심사숙고해서 하는 말이 아니라 쉽고, 자연스럽게 나오는 말인데 '수고하세요.'라는 말도 일상생활에서 친교적 언어로 자연스럽게 받아들여진다. '할아버지, 오래오래 건강하세요.'와 같은 표현도 어법에 맞다고 하는 표현보다 훨씬 자연스럽고 정감 있게 느껴진다. 사람들이 어떤 맥락에서 어떻게 받아들이는지에 대한 통찰이 없이 규범만을 강조한다면 때로는 아는 것이 병이 될 수도 있다.

결제와 결재

　이름에 '재'나 '제'자가 들어가는 사람들은 전화로 자기 이름을 이야기해 줄 때 꼭 '아(어)에 입니다.' 하는 말을 덧붙인다. 이것은 우리말의 'ㅔ'와 'ㅐ'의 발음 차이가 크지 않기 때문이다. 이론적으로 보자면 'ㅐ'는 가장 입을 크게 열어서 발음하는 모음인 'ㅏ'보다는 입을 약간 덜 벌리고, 혀의 앞부분을 이용해서 소리를 낸다. 'ㅔ'는 'ㅐ'보다도 입을 덜 벌리고, 소리를 내는 혀의 위치가 더 앞으로 간다. 모음의 조음 위치를 정리한 모음 삼각도 상으로 보면 'ㅔ'는 'ㅣ'에 가깝고, 'ㅐ'는 'ㅏ'에 가까운 소리가 된다.

　아나운서들은 그 소리를 구분해서 발음을 하지만 일반인들의 경우는 들어도 차이를 인식하지 못하기 때문에 발음을 할 때도 마찬가지로 구분해서 발음을 하지 않는다. 한 예로 '계, 게, 개'의 경우 발음이 거의 동일해서 구분을 잘 하지 못한다.

경상도에서는 미세한 발음 차이를 구분하려고 하는 대신 확연하게 차이가 나는 모음으로 대체하려는 경향을 볼 수 있다. '베개'의 경우 경상도 사람들은 '비개'라고 발음하지만 '비기'라고 발음하지는 않는다. '내 것 네 것'의 경우도 발음상으로 구분이 어렵기 때문에 '네 것'은 '니 것'으로 발음한다. 'ㅔ'가 'ㅣ'로 바뀌는 이유는 앞에서 이야기한 대로 'ㅔ'는 'ㅣ'에 좀 더 가까운 소리이기 때문이다.('ㅔ'를 써야 할지 'ㅐ'를 써야 할지 헷갈릴 때, 경상도 사람들은 'ㅣ'로 소리가 날 수 있는 것은 'ㅔ'를 쓰면 된다.)

1989년에 맞춤법을 개정할 때 '찌게'를 '찌개'로 통일했는데, 이것은 'ㅔ'와 'ㅐ' 발음의 차이가 없어지는 것을 인정한 것이었다. 그렇지만 왜 잘 구분이 되지 않는 발음을 구분해서 쓰려고 하는 것일까? 그 이유는 발음상으로는 거의 차이가 나지 않을지 모르지만 문자로 적어 놓았을 때 시각적으로는 분명한 차이가 나기 때문이다. 특히 한자어의 경우는 오랫동안 써 오던 관습이 있기 때문에 쉽게 바꾸지를 못한다. 예를 들어 '결제決濟'의 경우 대금을 주고받아 거래를 끝내는 일을 뜻하는데, 이를 결재로 통일했을 경우 제출된 안건을 처리한다는 의미를 가진 '결재決裁'와 혼동이 올 수가 있다.

이런 현상은 과거에도 있었던 것이다. 세종대왕이 훈민정음을 창제하고 100년이 지난 16세기가 되면 'ㆍ'(아래 아)와

'ㅏ'의 음의 차이가 거의 없어진다. 그럼에도 불구하고 'ㆍ'
는 20세기 초반까지 계속해서 쓰이다가 1933년에 한글 맞춤
법이 제정되면서 대부분 'ㅏ'로 대체가 된다. 소리의 차이가
없었음에도 불구하고 'ㆍ'를 계속해서 썼던 이유 역시 문자
로 적었을 때의 시각적인 느낌 때문이었다.

　이런 예들은 말이라는 것이 고정된 것이 아니라 끊임없이
변화하고 있으며, 우리는 미세한 변화들 속에 살고 있다는 것
을 보여주는 것이다.

스펙

    고3 담임을 하면 수시 원서 접수 기간만큼 괴로운 때가 없다. 입시 상담을 해야 하는 건 둘째 치고, 입학사정관 전형에 지원하는 학생들의 자기 소개서를 봐 주고, 추천서를 쓰느라 정신이 없다. 요즘엔 대학에서는 추천서가 10% 이상 일치하면 불이익을 줄 수도 있다고 하여 반에서 똑같은 일을 한 학생들이라도 추천서에는 각각 다르게 적으라고 하니 일은 훨씬 더 많다. 입시에 미치는 영향은 미미한데, 떨어지면 추천서 때문이라는 원망을 들을 수도 있으니 이것보다 더 보람 없는 일이 없다. 그래서 요즘에는 고3 담임을 하면 자연스럽게 학력고사 선지원 후시험 예찬론자가 된다.

    사실 입학사정관 전형은 학생들의 능력을 종합적으로 평가한다는 점에서는 장점이 있는 제도이다. 그렇지만 그 종합적인 것이 너무나 불명확해서 학생들에게 무엇을 열심히 하면 대학을 잘 갈 수 있다는 명확한 신호를 주지 못한다는 것이 가장 큰 문제라고 할 수 있다. 예전에는 학교 공부만 열심히 하면 된다는 명확함이 있어서 밤하늘의 별을 방향 삼아 그 길을 따라가면 목적지가 나오는 것과 같았다. 그런데 지금은 다른 학생들에 비해 두드러지려면 공부만 가지고는 안 되고, 남들보다 더 많은 봉사활동이나 체험활동, 수상 기록, 실적물 등이 있어야 한다. 이것이 어느새 표준어처럼 사용되는 '스펙'이라는 것이다.

원래 '스펙'이라는 것은 영어 'specification'에서 유래된 말로 주로 물품의 사양이나 명세를 가리키는 말이었다. 그러다 대학생들이 취업을 하기 위해 갖추어야 하는 학점, 공인 외국어 성적, 자격증 등을 말하는 개념으로 사용되었다가 현재는 다양한 경험이나 경력도 포함하는 좀 넓은 개념으로 사용되고 있다. 국립국어원에서는 '스펙'을 '공인자격'으로 순화할 것을 제안했는데, '스펙'의 개념이 넓어지면서 '공인자격'으로 순화하기는 어려워진 느낌이 든다. 그리고 스펙을 쌓는 것을 '깜냥 쌓기'라고 순화할 것을 제안했는데, '깜냥'이라는 말은 어감이 좋지 않아서 "깜냥도 안 되는 것이…"와 같이 부정적인 상황에 더 많이 쓰이기 때문에 순화어로서 호응을 받기는 어렵다. 그런데 "이력을 쌓다.", "이력이 화려하다."와 같은 말에서 보면, '이력'이라는 말이 현재 사용하고 있는 '스펙'이라는 말이 가리키는 범위와 거의 일치한다는 것을 볼 수 있다. 그러므로 '스펙'이라는 말을 대체하기 위해 '공인자격'이나 '깜냥'이라는 말을 끌어올 필요 없이 '이력'이라는 말로 대체하는 것이 좀 더 현실성 있는 방안이 될 수 있을 것이다.

대학의 입학사정관들은 이력'만'을 보지 '는' 않겠다고 한다. 그렇지만 그 말은 학생들과 학부모들을 더욱 혼란스럽게 만드는 경향이 있다. 만약 이 학생은 이래서 합격시켰고, 이 학생은 이래서 불합격시켰다는 것을 명쾌하게 공개할 수 있다면 모든 의혹을 불식하고, 학교에 올바른 신호를 보낼 수도 있을 것이다.

너무 좋다

 2015년, 국립국어원에서는 2분기 표준국어대사전 수정 내용을 공지했다. 여기서 주목할 만한 것은 사람들이 흔히 쓰지만 사전에는 등재되지 않았던 '도찐개찐'이 등재되었고(표준어로 인정된 것은 아니다.), '너무'라는 말에 대한 뜻풀이가 수정되었다는 점이다. '너무'는 '일정한 정도나 한계에 지나치게'로 되어 있던 것을 '일정한 정도나 한계를 훨씬 넘어선 상태로'로 수정되었고, 이 말의 용례에 '너무 좋다, 너무 예쁘다'가 추가되었다.

 '너무'의 사전 뜻풀이 변화는 상당히 중요한 의미를 가진다. 이전의 뜻풀이에 의하면 '너무'가 '지나치게'라는 부정적인 의미를 가지고 있기 때문에 긍정적인 의미를 가진 말과는 쓸 수 없다고 했었다. 그래서 사람들은 실제로 '너무 예뻐!', '너무 좋다.'라는 말을 많이 쓰지만, 텔레비전에서는 출연자가 그 말을 하는 경우 자막으로는 '정말 예뻐!', '매우 좋다.' 와 같은 식으로 바꾸었다. 국어 관련 칼럼들에서는 '너무 좋다.' 와 같은 표현을 잘못 쓰고 있는 우리말의 대표적인 예로 자주 나왔었고, 심지어는 국어의 오용, 국어 파괴와 같은 말을 듣기도 했었다.

국립국어원이나 국어학자들이 그렇게 쓰지 말라고 하는데도 불구하고, 사람들이 그렇게 말을 쓰는 데는 이유가 있는 법이다. 우선 긍정적인 데에 사용하라고 대안으로 제시한 말인 '무척' 이나 '퍽' 이 너무 문어적이라는 것이다. 사람들은 실제로 말을 할 때 강세나 장단, 고저와 같은 반∗언어적 표현을 많이 사용하는데, '너무' 는 반언어적 표현이 될 수 있다. 그냥 많이 좋으면 "너무 좋아."라고 하고, 그것보다 더 좋으면 소리를 길게 빼서 "너~~무 좋아."라고 표현할 수 있다. 좀 더 과장하려면 반복을 하여 "너무너무 좋아."라고 할 수도 있다. 그런데 '매우' 나 '퍽' 은 글로 썼을 때는 자연스러울지 몰라도 말로 표현을 하려고 하면 '너무' 가 가진 그런 느낌을 살리기가 어렵다. 소리로 말했을 때 더 자연스럽게 여겨지는 쪽으로 쓰는 것은 당연한 일이다. 언어의 이런 특성을 잘 이야기하고 있는 소설 한 토막을 보자.

그런데 우연히, 우연히 말이다. 영어라고는 '영' 자도 모르는 우리 하숙집 아주머니를 앞에 놓고 내가 뭘 좀 물어보았다. 그 아주머니, 너도 기억할 거다. 된장찌개가 졸아들면 물 더 붓고, 덜 달여지면 국물 쏟아버리던 한심한 아주머니.

자, 아주머니 아주머니, 내가 말하는 다음의 두 영어 단어 중…

내가 영어를 어찌 알아서?

아니, 영어 모르니까 묻는 거예요, 자, 하나는 짧다는 뜻이고 또 하나는 길다는 뜻입니다. '을롱' 과 '숏' … 아주머니 듣기에는 어느 놈이 길다는 말인 것 같습니까?

뭔가는 모르겠지만 '을롱' 이라는 말이 길다는 것 같구먼…

그래요? 자, 이번에는 내가 말하는 두 영어 단어 중 하나는 넓다는 뜻이고 하나는 좁다는 뜻입니다. '와이드' 와 '내로우' … 아주머니 듣기에 어느 놈이 좁다는 말인 것 같습니까?

글쎄, 뭔가는 모르겠지만 '내로우' 라고 했소? 그게 좁으장한 것 같구먼.

내가 얼마나 놀랐는지 알겠지? 아주머니를 보면서 나는, 이 아주머니도 사과를 깨물어 먹는구나, 이런 생각을 했다. 놀랍지?

- 이윤기, 〈나비 넥타이〉 중에서

말은 사람들 사이의 약속이니까 '숏' 을 '길다' 라는 의미로 약속할 수도 있을 것이다. 그렇지만 말소리가 가진 느낌이 뜻과 맞지 않거나 더 적절하게 그 느낌을 표현할 수 있는 말이 나오면 그쪽으로 이동하는 것은 나쁜 것이 아니라 자연스러운 현상이다. 우리말의 이런 변화를 빨리 포착하고, 그것을 반영하려는 국립국어원의 노력이 '너무' 좋다.

국어 선생도 헷갈리는 '이' 와 '히'

어느 정치인이 현충원의 전직 대통령 묘역에 참배하면서 방명록에 쓴 "대통령님의 숭고한 뜻을 가슴에 깊히 새겨 실천하겠습니다."라는 말이 뉴스에 나왔었다. 글의 내용은 아무런 문제가 없는데, '깊히'라는 말이 맞춤법에 맞지 않았기 때문이다. 이 경우에 '깊이'라고 쓸 때나 '깊히'라고 쓸 때나 발음은 똑같이 [기피]가 되기 때문에 신경을 쓰지 않으면 많이 헷갈린다.('깊이'로 쓰면 받침이 연음되면서 [기피]가 되지만, '깊히'로 쓴다면 음절의 끝소리 규칙이 먼저 일어나 [깁히]가 된 다음에 ㅂ과 ㅎ이 축약되면서 [기피]가 된다.)

그런데 부사를 만드는 접사로 '-이'를 쓰느냐 '-히'를 쓰느냐는 국어 선생님들에게 물어 보아도 바로 대답하지 못하는 경우가 많다. 왜냐하면 우리 어문 규정에는 이 부분에 대한 규정이 상당히 모호하기 때문이다. 이와 관련된 맞춤법 규정

제51항을 보면 "부사의 끝음절이 분명히 '이'로만 나는 것은 '-이'로 적고, '히'로만 나거나 '이'나 '히'로 나는 것은 '-히'로 적는다."라고 되어 있다. 이에 대해서 국립국어원에서도 개인에 따라 소리를 다르게 들을 수도 있고, 발음자의 습관에 따라 달리 쓸 수 있기 때문에 모호한 규정이라는 점을 인정한다. 그래서 여기에 대한 규칙을 정하기 위해 노력을 하였는데, 그중 가장 많이 알려진 것이 '하다'가 붙어서 말이 되면 '히'로 적고, 말이 안 되면 '이'로 적는다는 것이다. 그래서 '꼼꼼하다'가 되기 때문에 '꼼꼼히'로 적고, '곰곰하다'는 되지 않기 때문에 '곰곰이'라고 적는다는 것이다.

그런데 이렇게 이야기하면 명쾌해지기는커녕 당연히 '이'로 발음하던 것들도 헷갈리기 시작을 한다. '깨끗하다'가 되는데 왜 '깨끗이'라고 적느냐, '익하다'는 말이 안 되는데 왜 '익히'로 적느냐 하는 의문이 제기가 된다. 이런 것들을 설명하기 위해 예외에 대한 설명을 한참을 한다.

'이'를 쓰는 것

① 첩어 또는 준첩어인 명사 뒤(간간이, 겹겹이 등)

② 'ㅅ' 받침 뒤(느긋이, 깨끗이 등)

③ 'ㅂ' 불규칙 용언의 어간 뒤(가벼이, 너그러이 등)

④ '-하다'가 붙지 않는 용언 어간 뒤(굳이, 높이 등)

⑤ 부사 뒤

‘히’를 쓰는 것

① ‘-하다’가 붙는 어근 뒤(단, ‘ㅅ’ 받침 제외.),

② ‘-하다’가 붙는 어근에 ‘-히’가 결합하여 된 부사가 줄어진 형태(특별히→특히)

이런 식으로 길게 예외에 대한 나름의 규정을 만들어 설명을 하고 있다. 이렇게 예외에 대한 설명이 많다는 것은 규칙이 아무런 의미가 없게 될 수 있다는 것인데, 그렇다고 해서 이게 완전하냐 하면 그것도 아니다. 예를 들어 ‘깊숙이, 수북이’의 경우는 저 설명대로라면 분명 ‘히’를 적어야하는데, ‘이’로 적는다. ‘촉촉이’의 경우는 첩어가 되기도 하고, ‘-하다’가 붙는 어근도 되기 때문에 ‘이’도 될 수 있고, ‘히’도 될 수 있는데, 어느 규정을 먼저 적용해야 할지 결정하기가 어렵다.

이 문제를 해결하기 위해서 모든 말에 적용되는 규칙을 정할 필요가 있을까 하는 생각이 든다. ‘하다’가 붙어서 말이 되는 것을 ‘히’로 적는다는 것은 단순하면서도 우리의 감각에 잘 맞는 것이다.(왜 ‘히’를 쓰는지 쉽게 설명이 된다.) 그런데 ‘깨끗이’를 ‘깨끗히’로 쓰는 사람은 없고, ‘익히’를 ‘익이’라고 쓰는 사람은 없는데, 그것까지 규칙으로 설명하려고 하니 어려워지는 것이다. 규정을 다시 해 보면 “분명히 ‘이’로만 나는 것은 ‘-이’로 적고, ‘히’로만 나는 것은 ‘-히’로 적는다. '이'나 '히'로 나는 것은 '-하다'가 붙는 어근일 경우 '-히'로 적고, 그 외에는 '-이'로 적는다."로 하면 매우 간단하게 처리가 된다.

　사실 복잡한 문제가 생기는 것은 '이', '히' 모두로 발음이 되는데 '깊숙이, 수북이, 촉촉이'처럼 일관성이 없이 '이'로 쓰라고 한 말들 때문이다. 이 말들은 '하다'가 붙어서 말이 되고, 실제 발음도 [깁쑤기]보다는 [깁쑤키]를 더 많이 쓴다. 이 말들에 대한 맞춤법 규정만 손을 보면 좀 더 깔끔한 규정으로 맞춤법 때문에 생기는 스트레스를 줄일 수도 있을 것이다.

한글날에 보고 싶은 기사

해마다 한글날을 전후해서 언론들에서는 예전에 명절날 성룡 영화 하듯이 비슷한 종류의 기사들을 쏟아낸다. 그 대부분은 청소년들의 무분별한 비속어와 은어의 남용 문제, 맞춤법에 대한 지식 부족, 젊은이들의 SNS 상의 한글 파괴 현상을 질타하며 한글을 만드신 세종대왕께서 개탄할 일이라는 말로 마무리를 하는 것들이다. 성룡이 나오는 영화는 재미있기라도 하지만 한글날에 나오는 기사들은 사람들을 꾸짖는 내용이다 보니, 대부분의 사람들이 느끼기에는 불편하거나 매우 식상하다.

사실 엄밀하게 말하면 비속어나 은어는 어느 시대, 어느 사회 집단에도 있는 것이기 때문에 비속어나 은어를 사용하는 것 자체를 문제 삼는 것은 오히려 위험한 생각이다. 만약 비속어의 사용이 통계적으로 의미가 있을 정도로 증가하고 있다는 것을 보여줄 수 있다면 그것은 기사로 쓸 만한 거리가 될 수 있다. 그렇지만 그 경우에도 사회적으로 원인을 분석하고 해결책을 모색해야 하는 문제이기 때문에 굳이 한글날에 맞추어 쓸 필요가 없는 기사이다.

맞춤법 지식이 부족하다는 내용의 기사 역시 주로 많이 틀리는 말을 대상으로 시험을 치게 하고 그 결과가 나쁜 것을 이야기하면서 국어의 미래가 걱정된다는 식으로 마무리되는 경우가 많다. 그러나 이 문제 역시 규정 자체가 현실과 맞지 않아서 생긴 경우가 많다. 사람들의 70퍼센트가 틀렸다고 하면 틀린 사람들을 질책하기 전에 규정이 올바른지를 검토해 보는 것이 우선되어야 한다. 물론 너무 자주 규정을 바꾸어서도 안 되겠지만, 그렇다고 해서 사람들의 실제 감각과 맞지 않는 규정을 무조건 지키라는 것도 안 될 일이다. 대신 '최솟값/최소값', '전셋방/전세방'과 같은 단어 중에서 사람들이 어느 쪽을 더 많이 선택했는지를 보여 주고, 왜 그런 반응을 했는지 분석하는 것이 훨씬 더 한글날에 맞는 기획이 될 것이다. 더불어 한글 맞춤법의 가장 민감한 문제 중 하나인 '사이시옷 규정'에 대한 학자들과 일반인들의 목소리를 담아본다면 국어와 한글의 발전에도 이바지할 수 있는 기획 기사가 될 것이다.

젊은이들의 SNS 상에서 한글 파괴 현상은 어느 신문에서나 빠지지 않고 몇 년째 계속 나오는 기사이다. 죄송하다는 말을 'ㅈㅅ'으로 쓴다든가 하는 것은 권장할 만한 것은 아니지만, 그렇다고 해서 쓰지 말라고 할 만한 성질의 것도 아니다. 왜냐하면 그것은 문자언어를 음성언어처럼 사용하는 SNS라는 매체의 특성에서 비롯된 것이기 때문이다. 말로 표현하는 것과 글로 표현하는 것이 다르듯이 SNS에서는 SNS대로의 표현 방법이 있기 때문이다. 그리고 세종대왕께서 살아계셨다면 한글을 똑바로 사용하지 않는 우리의 언어생활을 개탄할 것이라고 하지만, 세종대왕께서는 주로 한문을 사용하셨으니 그렇게 단정하기는 어렵다.

우리는 지금 한글의 덕택으로 전 세계에서 가장 문맹률이 낮고, 교육 수준이 높다. 또한 세계에서 가장 과학적인 문자를 통해 핸드폰만으로도 빠르게 소통할 수 있는 특권을 누리고 있다. 한글날은 바로 우리가 이렇게 살 수 있도록 만들어 준 세종대왕의 업적을 기리고, 이것을 잘 발전시켜 나가는 길을 생각해 보는 날이다. 그렇다면 한글날에는 한글의 과학성이나 역사를 알려주는 기사나 사라진 훈민정음 해례 상주본의 행방에 대한 기사부터 시작해서 한글의 세계화에 앞장서는 폰트 제작자들 이야기, 한글을 공식 문자로 사용하고 있는 찌아찌아족의 변화와 같은 기사를 싣는 것이 옳지 않을까?

바램은 틀린 말일까?

　보통 사람들은 국어 선생님이라고 하면 바른말 고운 말을 강조하면서 말끝마다 지적을 할 것 같아 말하기 부담스러워하는 경우가 많다. 실제로 일부 어학 전공자들 중에는 사람들이 어법에 맞지 않게 말을 하는 것에 대해 민감하게 반응하는 사람들이 있는데, 그런 선생님들은 같은 국어교사인 나도 솔직히 말을 하기가 부담스럽다. 그리고 그분들이 시험 문제를 낼 때의 특징 중 하나는 어법에는 맞지만 일상적으로 잘 쓰지 않는 표현을 내는 경우가 많다는 것이다.

　한 예로 이용 씨의 노래 〈잊혀진 계절〉이나 그룹 동물원의 팬들이 가장 좋아하는 노래 〈잊혀지는 것〉을 들 수 있다. 이 노래 제목에 무슨 바르지 않거나 곱지 않은 말이 있을까 생각하는 사람들이 대부분일 것이다. 그런데 그분들에 의하면 '잊혀지다' 라는 말은 어법에 맞지 않는 말이라고 한다. 그 이유는 이 말에는 '잊다'에 피동의 의미를 만드는 '-히-'와 '-어지다'가 동시에 사용된 것이기 때문에 이중 피동이 된다는 것이다. 이중 피동은 사람들이 무의식적으로 쓰지만, 어법을 따지지 않더라도 고쳐서 쓰는 것이 훨씬 자연스럽다. 예를 들면 '범인으로 생각되어지는 인물'과 같은 표현은 '범인으로 생각되는 인물'로 바꾸는 것이 더 자연스럽다. 그렇지만 이 경우에서 어법에 맞게 '잊힌 계절', '잊어진 계절'이라고 하면 매우 어색해진다. 대부분의 문학 전공자들은 이런 어색한 표현이 옳다고 이야기하는 것이 국어 교사가 할 일은 아니라고 생각하기 때문에 이런 말들은 출제에서 제외를 한다. 그리고 사람들이 '잊혀지다'에서 사용되는 '-어지다'를 피동을 나타내는 것으로 인식하기보다는 '이루어지다', '없어지다' '깨끗해지다'에서 보이는 것과 같이 '어떤 결과에 이름'의 의미로 인식을 하는데, 이럴 경우 어법에 맞지 않다고 하기도 어렵다. 현재의 어법에 맞지 않고, 사전에 등재되어 있지 않다고 해서 완전히 틀렸다고 보기는 어렵다.

이런 말들 중에 시험에 가장 많이 나오고, 신문의 칼럼들에서 지적하는 말 중 하나가 바로 '바라다'를 잘못 활용한 사례인 '바래'와 '바램'이다. 이 예들은 '바라+아'가 결합된 것을 잘못 말한 것이라는 지적을 워낙 많이 받다 보니 텔레비전을 보면 사람들끼리는 자연스럽게 "잘하길 바래."라고 말하는데, 자막은 매우 어색하게 '잘하길 바라'로 나온다. 그렇지만 이 경우도 사람들이 '바래'를 쓰는 것이 아주 근거 없는 것은 아니다. 만약 어법이 만고불변의 진리라면 '사랑하다'의 경우 '사랑하+아'가 되어 '널 사랑하'라고 고백을 해야 한다. 그렇지만 '하다'가 붙는 모든 말들은 '여 불규칙 활용'이라고 하여 어미 '아/어'가 '여'로 바뀌고 '하여'가 줄어서 '해'가 된다. 이것은 어떻게 보면 어간의 형태 그대로 두었을 때 발생하는 어색함을 방지하기 위한 것이라고 할 수 있다. '만나다'의 경우는 어간이 문장의 종결어미로도 사용되는 '나'로 끝나기 때문에 '내일 만나'와 같은 표현이 어색하지 않지만, '바라다', '삼가다'와 같은 경우는 '바라', '삼가'라고 하면 어색하다. 그래서 사람들은 '여 불규칙 활용'과 같은 원리를 적용해 '바래', '삼가해'와 같은 표현을 쓰는 것으로 볼 수 있다.

그리고 "3시까지 오기 바람"과 같은 예에서 '바라다'의 명사형을 '바램'으로 쓰는 사람들은 거의 없다. 그렇지만 희망을 뜻하는 명사 '바람'이 될 때는 '바램'을 더 많이 쓰는 것을 볼 수 있다. 그 이유는 이미 강력하게 자리를 잡고 있는 '바람'(風)이라는 말과의 충돌을 피하기 위해서라고 할 수 있다. '주검'이라는 말이 동사 '죽다'에서 온 말은 맞지만 명사가 되면서 '죽음'이라는 말과의 의미 충돌을 피하기 위해서 다른 형태로 사용하는 것과 원리가 상통하는 것이라고 할 수 있다. 사람들이 그 나름의 타당한 근거를 가지고 자연스럽게 사용하는 말은 억지로 고치라고 하기보다는 빠른 심의를 통해 인정을 해 주는 것이 중요하다.

2부

논리적으로 생각해 보는 말

유추와 논리

　고등학교 국어 마지막 국정 교과서의 1단원에는 생물학자인 최재천 교수가 쓴 〈황소개구리와 우리말〉이라는 글이 있었다. 황소개구리가 강력한 힘으로 토종 생물들을 잡아먹으면서 토종 생태계를 교란하고 있다는 이야기를 한 후, 이와 마찬가지로 외래어, 외국어가 순우리말을 대체할 수도 있다는 점을 우려하는 글이다. 글에서 이야기하려는 핵심은 외래어, 외국어가 순우리말을 대체하는 것에 대한 문제제기인데, 앞부분에 황소개구리 이야기를 넣은 것은 그 원리를 비슷한 논리가 적용되는 것에 빗대어 쉽게 이해하도록 한 것이다. 이렇게 비슷한 상황에 빗대어 주장을 쉽게 이해할 수 있도록 표현하는 방법을 유추類推라고 하는데, 일상생활에서도 많이 사용되고 있으며, 옛 사람들은 하나의 글쓰기 양식으로 정착시키기도 하였다. (유추의 방식을 이용하여 자신의 생각을 효과적으로 펴는 형식의 글을 '설說'이라고 한다.)

그런데 엄밀하게 말하면 유추의 방법은 이해를 돕는 것일 뿐, 정확한 논리적 근거가 되기는 어렵다. 앞의 예로 말하면 황소개구리가 토종 생태계를 파괴한다는 것이 외래어, 외국어가 순우리말을 대체하여 순우리말이 사라질 수 있다는 주장의 근거가 될 수는 없다. 왜냐하면 언어와 황소개구리는 분명히 다르기 때문에 똑같은 논리가 적용되기는 어렵다. 엄격한 논리를 요구하는 법률에서는 유추의 논리를 인정하지 않고 있는데, 그 이유는 앞에 이야기하는 것이 뒤에 이야기하는 것의 직접적인 근거가 되기 어렵기 때문이다. 그렇지만 '황소개구리와 우리말'을 좋은 글이라고 인정을 하는 것은 그 유추가 상황에 꼭 맞고, 사람들이 쉽게 이해할 수 있기 때문이다. 황소개구리가 토종 생물들보다 힘이 세다는 것은 외래어, 외국어가 순우리말보다 더 영향력이 크다는 것과 논리적으로 대응을 한다. (원래 만들어진 나라에서 우리나라까지 들어왔으니 영향력이 클 수밖에 없다.) 토종 생물들은 없어지고, 황소개구리만 남은 생태계는 외래어, 외국어가 순우리말을 대체하는 미래와 대응이 될 수 있기 때문에 사람들은 직관적으로 그 논리를 받아들일 수 있는 것이다.

그런데 유추의 방법은 그 논리가 정확하게 대응이 되지 않으면 설득력이 크게 떨어지고, 때로는 궤변이 되기도 한다.

일상생활에서 식사를 할 때 잔소리를 하면 "밥 먹을 때는 개도 안 건드리는데."라고 말하는 경우가 많다. 이 말 속에는 '개도 안 건드리므로, 개보다 더 고등한 생물인 사람은 건드려서는 안 된다.' 라는 논리가 들어있다. 그렇지만 정확한 논리로 말하자면 '개니까 안 건드리는 거고, 너는 사람이니까 건드리는 거야.' 가 된다. 개에게는 밥 먹는 것이 가장 중요한 일이기 때문에, 밥 먹는 것을 방해해서는 안 된다. 그렇지만 사람은 밥 먹는 게 가장 중요한 일이 아니며, 밥 먹는 시간 외에는 앉아서 잔소리를 할 시간이 없기 때문에, 밥 먹을 때 잔소리를 할 수밖에 없는 것이다.

EBS로부터 사설 입시기관의 한 강사가 EBS 교재에 이의제기를 한 것에 대한 판정을 해 달라는 의뢰를 받았다. 문제에 사용된 지문의 중심 화제는 윤리적 이기주의라는 개념이다. 우리는 보통 타인에게 이익이 되는 행위를 해야 한다는 의무를 가진다고 생각하지만 윤리적 이기주의자들은 인간에게 남을 위해 살아야 한다는 의무는 없고, 유일한 의무는 자기 자신을 위한 것이라고 주장한다.(한마디로 오지랖 넓게 남을 위하려고 하지 말고, 자신을 위해 살라는 것이다.) 윤리적 이기주의를 지지하는 사람들은 타인에 대해 잘 모르면서 도와주려 하다가는 상대방의 자존감을 떨어뜨릴 수 있다는 논리, 이기주의와 반대점에 있는 이타주의가 개인의 삶을 중요하게 생각하지 않기 때문에 개인의 삶을 위해서는 이기주의가 필요하다는 논리, 도덕을 지키면서 사는 것이 결국 자기 자신에게 이익이 되는 것이라는 논리로 옹호를 하려고 한다. 문제는 꽃병을 깨뜨린 동생이 혼나는 것을 막기 위해 자신이 깨뜨렸다는 선의의 거짓말을 해야 할 것인가에 대한 보기에 윤리적 이기주의를 적용하는 것이었다. '거짓말을 하지 않고 도덕적 의무를 지키는 것만이 이익이 된다.'는 답지에 대해 강사가 이의를 제기했던 것이다.

"이것은 '손나은만 에이핑크다.'라는 것과 같죠. '만'을 썼기 때문에 이 문제는 오류입니다."

오류라고 말하는 근거를 자세히 보면 '(에이 핑크의 여섯 명의 멤버 중에) 손나은만 에이핑크다.'는 논리가 담겨 있다. 그러나 문제는 옳은 것들 여럿 중에 하나만 옳다고 하는 것이 아니라 '거짓말을 한다 / 안 한다'의 선택 중 거짓말을 안 하는 것만이 자신에게 이익이 된다는 것이고, 강사가 이야기한 방식으로 이야기를 하자면 '(혜리와 손나은 중에) 손나은만 에이핑크다.'에 해당하기 때문에 논리상으로 아무 문제가 없다. 뭔가 그럴싸하지만 약간 찜찜한 것들은 대부분 이렇게 잘못된 유추를 사용한 것들이다.

가장 적절하지 않은 것은?

　학력고사 세대들이 요즘 학교의 시험 문제를 볼 때 가장 어려워하는 것 중 하나가 문제에 대한 지시인 문두가 지나치게 길고 어렵다는 것이다. "윗글을 바탕으로 〈보기〉의 ㉠이 함축하는 바를 설명한 것으로 가장 적절한 것은?"과 같은 문제를 보면 문제를 풀기도 전에 지친다. 예전에는 객관식 문제를 내면서 "다음 중 답인 것은?"이라고 문제를 내도 아무런 문제가 없었다. 주로 지식에 대한 평가를 하다 보니 교사가 가르쳐 준 것이 답이라는 암묵적인 동의가 있었기 때문이다. 그러나 주어진 자료를 가지고 해석하고 판단하는 적성 검사 형식의 수능이 도입되면서 그렇게 문제는 낼 수 없게 되었다. 그래서 예전에는 필요하지 않았던 여러 가지 장치들이 사용된다.

　먼저 예전에는 '올바른 것은?', '틀린 것은?'이라는 말을 많이 사용했지만 현재는 '적절한 것은?'이라는 말을 가장 많이 사용한다. 왜냐하면 답이 항상 맞거나 틀리는 것이 아니라 주어진 조건하에서 맞거나 틀릴 수 있기 때문이다. 예를 들어 한용운의 〈님의 침묵〉을 이성에 대한 간절한 사람을 담은 시로 보는 것은 틀린 것이 아니다. 그렇지만 독립운동가인 작가, 일제 강점기라는 상황을 고려한 해석을 할 때는 적절한 해석이 아니다. 그리고 예전에는 필요가 없었지만 현재는 많이 사용하는 표현이 '가장'이라는 것이다. 정설로 굳어진 확고한 해석이 없는 경우에는 다양한 관점들이 인정될 수 있다. 그럴 때 출제자가 의도한 해석 외에 다양한 관점과 해석이 있을 수 있는데, 이럴 경우 다수가 인정할 수 있는 상식적이고, 보편적으로 인정받을 수 있는 견해를 답으로 한정해 주기 위해서 '가장'을 넣는 것이다.

수능에서는 '가장 적절한 것은?'이라는 말은 사용하지만 '가장 적절하지 않은 것은?'이라는 말은 사용하지 않는다는 것이다. 그 이유는 '가장 적절하지 않은 것'은 '가장 (적절하지 않은)'으로 묶이면 답이 하나가 되지만, '(가장 적절하지) 않은'으로 묶일 경우에는 가장 적절한 것을 제외한 나머지 네 개가 답이 되기 때문이다. 그리고 다수가 인정하기 어려운 소수의 견해라면 그것은 적절한 것으로 보기는 어렵기 때문에 굳이 '가장'을 써 줄 필요는 없는 것이다.

학생들은 때론 무식하게 기발하다. '적절한 것을 모두 고르시오.'라는 문제의 답이 ㉠㉡인데 ㉠㉡㉢을 답해 놓고는 "적절한 것을 모두 골랐잖아요."라고 말한다. 또 답이 ㉠㉡㉢인데 ㉠㉡을 선택해 놓고는 "제가 고른 것은 모두 적절하잖아요."라고 한다. 그러면서 객관식 문제에 부분 점수 달라고 우기기도 한다. 수능 시험 문제에서는 1번 ㉠㉡ 2번 ㉠㉣과 같이 답 개수가 같을 때는 '적절한 것끼리 짝지은 것은?'이라고 하고, 1번 ㉠ 2번 ㉠㉡처럼 답 개수가 다를 때는 '적절한 것만을 있는 대로 고른 것은?'이라고 쓰는 이유는 바로 그런 이의 제기를 미연에 방지하기 위함이라고 할 수 있다.

남침과 북침

어린 시절 나는 말이 많은 아이였다. 그래서 수업 시간에도 그 시절의 관점에서 보면 매우 쓸데없는 질문을 많이 했었다. 하루는 선생님에게 물었다. "선생님, 북한이 침략을 했으면 '북침'이라고 해야지, 왜 '남침'이라고 해요?" 그러자 선생님은 당황하시면서 "북한이 남한을 침략했으니까 '남침'이지."라고 대답하셨다. "북한이 남한을 침략했으면 '북남침'이라고 해야 하지 않나요?" 나의 질문에 선생님은 "어디 가서 그런 소리 절대로 입 밖에 내지 마라, '북침'이라는 말 자체를 꺼내지 마라, 그냥 '남침'으로 외워라." 하시면서 화를 내셨다. 그 시절의 교육은 그런 식이었다.

얼마 전 대통령께서 청소년들의 69%가 6.25를 '북침'으로 알고 있다는 것을 개탄했다는 내용의 기사가 나왔다. 그러자 학교 현장에 대해 잘 모르면서 말하기 좋아하는 사람들은 청소년들의 안보의식에 충격을 받았다. 이게 다 전교조의 이념 교육 때문이다.(학교에서 보면 전교조 선생님들은 열심히 하고 학생들로부터 인정받는 사람들이 많은데, 진영 논리에 갇힌 사람들은 모든 교육 문제의 근원을 전교조로 생각한다.) 이런 말들을 쏟아냈다. 솔직히 나는 그 기사를 보고 진짜로 우리 청소년의 69%가 남한이 북한을 침략했다고 생각한다는 것으로 해석하는 사람의 의식에 충격을 받았다. 도대체 학교를 얼마나 모르면, 혹은 얼마나 상황 분석 능력이 떨어지면 저럴까 하는 생각이 들었다.

사실 이 문제는 '남침'이라고 역사학계에서 통용되는 용어를 아느냐 모르느냐의 문제이다. 그런데 애초에 이 용어가 침략의 주체가 누구인지를 잘 파악하기 어렵게 만들어 놓았다는 데 결정적인 문제가 있었다. 일반적인 한문 어순에서는 명사인 南과 동사인 侵이 순서대로 있으면 주어+서술어의 관계가 되어 '남한이 침략하다'가 된다. 만약 '남한을 침략하다'와 같이 목적어+서술어로 되어 있는 경우는 서술어가 앞으로 가서 '침남侵南'이 되어야 한다. 한자가 연속될 때는 어순에 따라 달리 해석이 된다. 예로 花開라고 하면 '꽃이 피다'로 해석이 되지만, 開花라고 하면 '꽃을 피우다'와 같은 서술어+목적어 구조나 '핀 꽃'과 같이 수식어+피수식어 구조로 파악된다.

요즘의 교육은 내가 배웠던 시절하고는 달라서 일방적으로 외우는 것이 아니라 이해하고, 새로운 상황에 기존의 규칙을 적용해 보면서 새로운 것을 만들어내는 것을 중시한다. 그래서 학생들은 일반적인 언어 규칙을 이용하여 남침南侵이라는 한자의 의미를 파악한 것이라고 볼 수 있다. 국방부에서는 이런 혼란을 줄이고, 침략의 주체를 분명히 하기 위해 장병 교육용 자료로 '북한의 남침' 이라는 용어를 채택했다. 좀 길긴 하지만 현재로는 혼란을 줄이면서도 의미를 분명히 할 수 있는 최선의 방안으로 보인다. 기왕에 논의가 된 이상 학교에서도 굳이 '남침' 이라는 오해를 살 만한 표현 대신 그냥 풀어서 '북한의 침략' 이나 '대남 침략' 과 같은 말을 사용하는 것에 대해서도 생각을 해 보아야 할 것이다.

잉어빵

찬바람이 불면서 거리에는 군밤이나 붕어빵을 파는 사람들이 부쩍 눈에 많이 띈다. 이제 겨울이 왔다는 것이 거리의 풍경에서 먼저 느껴진다. 그런데 요즘에는 붕어빵보다는 잉어빵을 파는 노점들이 훨씬 더 자주 눈에 띈다. 현재는 잉어빵이 비표준어이지만 사회가 변하는 것에 따라 있던 말이 없어지기도 하고, 새로운 말이 생겨나기도 하는 것은 자연스러운 현상이기 때문에 잉어빵도 많이 쓰이다 보면 표준어로 사전에 등재될 가능성은 충분하다.

새로운 사물이나 현상을 보았을 때 사람들이 새로운 말을 만들어 내게 되는데, 전적으로 새로운 말을 창안해 내는 경우는 거의 없다. 대신 머릿속에 있는 수많은 단어들 가운데 새로운 사물이나 현상과 공통점이 있는 말을 이용하여 여러 개의 말이 제안되고, 그중에서 가장 사람들의 공감을 얻을 수

있는 것이 채택이 된다. 예를 들어 '풀빵'의 경우 일단 이것
의 정체가 굽는 것이기 때문에 빵에 가까운데, 일본에서는
'오방떡'이라고 하는 것을 보면 떡과 빵 중간 정도가 된다.
이 애매한 실체에 대해 한국 사람들은 빵과 더 가깝다고 생각
했기 때문에 빵 쪽에 손을 들어 준 것 같다. 그리고 단팥을 넣
기 때문에 '단팥빵'이라고 할 수도 있고, 묽은 반죽으로 인해
풀같이 보이는 속성을 강조해서 '풀빵'이라고 할 수도 있다.
그렇지만 '단팥빵'보다는 '풀빵'이 새로운 빵의 속성을 더
잘 표현할 수 있기 때문에 '풀빵'이 채택되었다고 할 수 있
다. 그러던 것이 풀이 음식이라는 느낌이 나지 않기 때문에
국화 모양의 빵틀에 찍는다고 해서 '국화빵', 붕어 모양의 빵
틀에 찍는다고 해서 '붕어빵'으로 변화해 왔다고 볼 수 있다.
  그런데 '잉어빵'의 경우는 잉어 모양의 빵틀에 찍어서 내
는 것이 아님에도 '잉어빵'이라고 부르는 데는 다른 원리가
작용을 한다. 붕어빵에서 잉어빵이 확장되어서 나온 것은 바
로 붕어와 잉어의 관계가 확장된 것이라고 볼 수 있다. 두 사
물의 관계를 이용해서 다른 상황에 적용을 시키는 방법을
'유추'라고 하는데, '붕어:잉어=붕어빵:잉어빵'과 같은 식
으로 표현할 수 있을 것이다. 잉어는 붕어보다 두 배 정도 크
다는 것이 가장 명확한 차이점이지만, 잉어빵이 붕어빵보다
더 큰 것은 아니다. 또 다른 차이는 붕어는 흔한 것이었지만

잉어는 임금님의 수라상에도 올랐다고 하는 귀한 것이기 때문에 잉어는 붕어보다 고급이라는 의식이 사람들의 머릿속에 남아 있다는 것이다. 잉어빵이라는 이름을 만든 사람은 아마도 붕어빵보다 더 고급의 재료를 사용했다는 것을 강조하기 위해 그러한 이름을 지었을 것이며, 잉어빵이라는 이름을 들으면 사람들도 그런 느낌을 가지고 있다.

요즘 건강원에서는 붕어즙이 잉어즙보다 더 효과가 있어서, 더 고급이라고 한다. 붕어와 잉어의 관계가 이렇게 역전이 된다면 잉어빵보다 더 고급 재료를 사용하는 빵을 다시 붕어빵이라고도 할 수 있을 것이다.

과학적 관점에서 본 '금시今時'

　예전 국어 수능 문제 중에 음악의 음형론에 대한 내용을 다룬 지문이 있었다. 음형론이라는 것은 가사에 적합한 음악 형식을 사용하는 것인데, 대표 문제로 가상의 악곡을 주고 학생들의 반응으로 적절하지 않은 것을 묻는 문제가 출제가 되었다. 스타카토 부분에 대해 '뚝뚝 떨어지는 눈물을 묘사한 것이겠군.' 이라는 답지가 있었는데, 여기에 대해 학생들의 이의제기가 상당히 많았다. 대부분의 이의제기는 스타카토가 뚝뚝 떨어지는 것과 관련된 내용이 지문 안에 없다는 것이었다. 이에 대해 평가원에서는 한국에서 정상적으로 교육과정을 밟은 학생이라면 당연히 '스타카토'의 의미를 알 것이고, 그것을 알면 답을 찾는 것이 어렵지 않다는 입장이었다.

　그런 이의제기는 크게 문제가 되지 않았지만, 수능 문제를 풀어 보았던 우리 학교 2학년 학생 중 하나는 스타카토 부분의 가사가 '대지를 적시는 눈물'이라는 것에 대해 이의제기를 했었다. 대지를 적신다는 것은 액체인 물질이 연속적으로 확산되는 것인데 어떻게 스타카토의 개념을 적용시킬 수 있냐는 것이었다. 여기에 대해 나는 뚝뚝 떨어져서 적시는 것으로 볼 수 있지 않느냐, 그리고 4번은 완전히 틀린 내용이니까 그것부터 먼저 찾아야 하지 않느냐는 매우 궁색한 답변을 할 수밖에 없었다.

얼마 전에 이와 비슷하게 곤란한 일을 겪은 적이 있다. 이과반 수업에서 '금세'의 맞춤법을 설명하면서 '금시에'의 준말이기 때문에 'ㅔ'를 써야 한다고 말했는데, 한 학생이 고개를 갸웃했다. '금시'라고 하면 '바로 지금'이라는 특정한 시점을 가리키는 말인데, 여기에 특정 시점을 가리키는 조사 '에'를 붙여 '금시에'라고 했을 때도 특정 시점을 나타내는 말이 되어야 한다. 그런데 실제로는 '금세'라는 말은 '지금 바로'와 같이 속도를 나타내는 말이 되는 것 아니냐는 것이다.('금시초문'이라는 말이 지금 이 시점에 처음 듣는다는 뜻을 가지고 있다는 것을 생각하면 '금시'의 뜻이 분명해진다.) 학생은 속도를 나타내는 말이라서 '사이'의 준말인 '새'로 써야 하는 줄 알았다고 하기에 나도 조금 혼란스러워졌다. 학생의 의견은 지금을 나타내는 '금今'에 '사이'가 있을 수가 없기 때문에 적절하지 않지만, '금시'와 '금시에'의 의미, 즉 '바로 지금'과 '지금 바로'의 의미에는 차이가 있는 것은 분명하다.

　이처럼 일상적으로는 자연스럽게 쓰는 말도 과학적 관점에서 분석해 보면 정밀하지 않은 경우가 많다. 수능 시험에서 오류라고 하는 것을 일반인들은 출제자들이 능력이 없어서 잘못된 문제를 내는 것이라고 생각하는 경우가 많은데, 사실은 이런 일상적 표현과 과학적 표현의 미세한 차이에서 비롯되는 것이다. 일상적으로는 대부분 '퍼센트'와 '퍼센트 포인트'를 구분하지 않고 써도 다 알아서 이해를 하지만, 수능 시험이니까 문제가 되는 것이다.

복면과 가면

　요즘 〈복면가왕〉이라는 프로그램이 인기를 끌면서, 이 프로그램에서 사용하는 가면을 제작하는 황재근 씨도 덩달아 인기를 끌고 있다. 황재근 씨가 만드는 것이 '복면'이 아니고 분명히 '가면'이고, 출연자들이 쓰는 것도 분명 '가면'인데 왜 '가면가왕'이라고 하지 않고, '복면가왕'이라고 하는 것일까? 이 의문에 대한 답은 모국어 화자만이 알 수 있는 복면과 가면에 대한 미세한 차이 때문이라고 할 수 있다.(영어로는 복면이나 가면 모두 mask로 통용이 된다.)

　'복면覆面'을 사전에서 찾아보면 '얼굴을 알아보지 못하도록 얼굴 전부 또는 일부를 헝겊 따위로 싸서 가림. 또는 그러는 데에 쓰는 수건이나 보자기와 같은 물건.'이라고 되어 있다. 그러니까 복면의 용도는 얼굴을 알아보지 못하도록 하는 것이 핵심이다. 이에 비해 '가면假面'의 의미는 좀 더 복잡하다. 사전에서 '가면'을 보면 '탈'과 거의 유사한 의미로 사용되며 '얼굴을 감추거나 달리 꾸미기 위하여 나무, 종이, 흙 따위로 만들어 얼굴에 쓰는 물건.'으로 정의가 되어 있다. 그러니까 자신의 정체를 숨기는 것에 더하여 남들에게 보이는 부분을 꾸며서 보여준다는 성격이 강하다. 형태적으로 본다면 복면은 얼굴을 덮는다는 한자의 뜻처럼 천을 뒤집어쓰거나 얼굴을 덮는 형태이며, 얼굴만 가리면 되기 때문에 아무런 장식이나 모양이 없어도 된다. 가면은 한자의 뜻처럼 '가짜 얼굴'이기 때문에 진짜 얼굴을 대체할 수 있는, 꾸며진 모습이 있어야 하고, 얼굴 전체를 덮을 필요는 없다. 명확한 경계가 있는 것은 아니지만 은행 강도나 테러리스트들이 단순히 자신의 정체를 숨기기 위해 쓰는 것은 복면이고, 오페라의 유령이나 배트맨이 원래의 자신의 모습과 다른 위장된 모습을 보여주기 위해 쓰는 것은 가면이라고 할 수 있다.

　복면과 가면이 가장 크게 차이가 나는 부분은 가면은 '속뜻을 감추고 겉으로 거짓을 꾸미는 의뭉스러운 얼굴'이나 '위선'과 같은 추상적인 의미를 담을 수 있다는 것이다. 이때의 가면은 흔히 페르소나라고 불리며 다른 사람들의 눈에 비치는 (실제 자신의 모습과는 다른) 모습을 뜻하기도 한다. 이 추상적인 의미의 가면은 사람들이 사회생활을 하는 순간 누구나 쓰게 되는 것이다. 별로 좋아하지 않는 사람도 사회생활을 위해서는 친한 척 해야 하고, 직장 회식에서 상사들과 노래방을 갔을 때에는 별로 좋아하지도 않는 트로트를 부르며 신나는 척을 해야 할 때도 있다. 어떤 사람들은 마음이 여리면서도 다른 사람들에게 강해 보이기 위해 일부러 거칠게 말하고, 위악적으로 행동하기도 한다. 이러한 모습들은 모두 추상적 의미의 가면을 쓰고 있는 것이다. 종합해 보면 가면은 복면처럼 자신의 본 모습을 숨기는 것에도 목적이 있지만, 다른 사람들에게 위장된 모습을 진짜인 것처럼 한다는 쪽에 좀 더 강조점이 가 있다는 것을 알 수 있다. 그래서 '천사의 가면을 쓴 악마'와 같은 표현에서 가면을 복면으로 바꾸면 매우 어색해지는 것이다.

다시 처음의 이야기로 돌아가 보면 〈복면가왕〉에서 사용하는 것은 가면이지만, 가면의 기능은 위장된 인격을 보여주기 위한 것이 아니라 단지 자신의 정체를 숨기기 위한 것이므로 복면의 기능에 가깝다. 사람들은 가면을 보면서 그냥 재미있다고 생각할 뿐, 가면의 모습을 가수의 또 다른 인격으로 보지는 않는다. 그래서 만약 가면가왕이라고 했다면 가면이 가진 추상적 의미가 더 강조되기 때문에 위선적이라는 느낌을 주는 표현이 될 수 있다.

사람들이 복면을 쓰게 되면 억눌렸던 악한 성향을 마음껏 발산할 수 있다. 인터넷에 익명으로 악플을 다는 사람들의 경우도 일종의 복면을 한 것이라고 볼 수 있다. 그러나 한편으로는 복면을 하게 되면 가면 속에 갇혀 있던 자신의 참모습을 찾을 수 있게 되기도 한다. 복면을 하는 순간 없던 용기가 생기면서 자신의 진짜 목소리를 낼 수도 있게 된다. 그것은 복면만 착용했다고 처벌하려고 해서는 안 되는 중요한 이유이다.

발연기

　우리말에는 신체 부위를 나타내는 말을 결합해 새로운 말을 만들어 내는 경우가 많다. 가장 기본적인 방법으로는 직접 연결되는 신체 부위를 결합하는 방법이다. 이런 것의 예로는 '팔씨름, 발야구'와 같은 말을 들 수 있다. 팔씨름이나 발야구는 씨름이나 야구와는 엄연히 다른 경기이다. 그렇지만 새로운 경기를 표현하기 위해 새로운 말을 만들어 내는 것은 사람들에게 잘 인식이 되지 않고, 비효율적인 일이다. 그래서 기존에 있던 말에 팔이나 발을 주로 사용한다는 의미를 덧붙여서 말을 만들어 낸 것이다. '디딜방아'라는 말 대신 일부 지역에서 사용하는 '발방아'라는 말 역시 발을 주로 사용하는 방아라는 뜻으로 같은 원리로 만들어 낸 것이라고 할 수 있다. 그리고 사물을 표현할 때 좀 더 쉽게 표현하기 위해 신체 부위에 비유하는 경우도 있다. '바늘귀, 그물코, 상다리'

와 같은 말이 이러한 원리로 만들어진 것인데, 이 말들을 들으면 직관적으로 어떤 모양인지, 어떤 부위를 설명하는 것인지 알 수 있다. 이런 종류의 말들은 대개 다른 나라에서도 비슷하게 사용되기 때문에 번역을 하는 것이 어렵지는 않다.

그런데 비유적으로 사용된 말에 신체 부위를 나타내는 말을 붙이는 경우는 우리말 사용자가 아니라면 알기 힘들고 번역을 하기도 어렵다. 왜냐하면 앞서 이야기한 말들과는 달리 결합하는 신체 부위와 관련이 없는 것처럼 보이기 때문이다. 예를 들어 '입방아'의 경우는 입으로 찧는 방아가 아니라 '어떤 사실을 화제로 삼아 이러쿵저러쿵 쓸데없이 입을 놀리는 일.'이라는 의미를 가진다. '눈도장'을 찍었다고 하면 암묵적으로 허락을 얻거나 상대편의 눈에 띄어 인상을 남기는 일을 이야기한다. '눈요기'라는 말도 분석해 보면 흥미가 있다. '요기'는 무엇을 간단하게 먹는 것을 이야기하는 것인데, 아무리 간단한 음식이라 하더라도 눈으로 먹을 수는 없는 일이다. 그렇지만 요기라는 말과 관련 없는 신체 부위인 눈이 합쳐져서 '눈으로 보기만 하면서 어느 정도 만족을 느끼는 일.'이라는 새로운 의미를 가지게 되었다. 이는 '방아, 도장, 요기'와 같은 말이 원래의 말에서 확장되어 비유적으로 쓰인 결과라고 할 수 있다.

표준어는 아니지만 최근에는 신체 부위를 나타내는 말이

접두사처럼 쓰이면서 다양한 말을 만들어 내는 경우도 심심 찮게 볼 수 있다. 말로는 못할 것이 없지만 실제로는 그렇지 못한 사람들에게는 '입'을 붙여 말을 만들기도 한다. 지금은 5등급이지만 한 달 안에 1등급을 맞을 수 있다고 자신하는 학생들은 대부분 '입공부'만 하는 학생들이다. 말하는 것만 보면 허구연 씨를 능가하는 해설자고, 방망이만 잡으면 당장 프로야구 판에 갖다 놓아도 이승엽 선수와 경쟁할 수 있을 것 같은 사람들에게는 '입야구'를 한다고 하기도 한다.

입과 더불어 접두사처럼 사용되는 신체 부위는 '발'이다. 발은 손과 달리 정교하지 못하기 때문에 매우 미숙하고 서툰 것에는 발을 붙여서 사용한다. 그림을 발로 그린 것처럼 너무 못 그렸을 때 '발그림'이라고 한다. 책을 읽는 듯한 대사, 어색한 동작, 뜬금없는 감정의 과잉 등으로 도저히 극에 몰입할 수 없게 만드는 미숙한 연기를 말할 때 '발연기'라고 한다.(아이돌 가수 출신인 장수원 씨는 무표정, 변화가 없는 어조, 어색한 시선 처리와 동작 등이 결합된 궁극의 발연기를 선보여 희극의 새로운 분야를 개척하기도 했다.) 그런데 만약 발연기를 영어로 번역을 하면 어떻게 될까? 발은 영어의 'foot'과 대응이 되지만 우리처럼 발이 미숙하다는 의미의 접두사처럼 쓰는 경우에는 그대로 번역할 수는 없다. 영어에도 신체 부위를 이용하여 미숙함을 표현하는 말이 있는데 'all thumbs'(다섯 손가락이 모두

엄지)이라든가 'two left hands' (왼손만 있는)와 같은 표현이 바로 그것이다. 우리는 엄지라고 하면 '최고'라는 의미를 먼저 생각하는데, 같은 것에서 서툴다는 것을 생각하는 문화적 차이가 흥미롭다.

불혹不惑의 나이

조선시대에는 열녀에 대한 이야기들이 많다. 민간에 내려오는 이야기도 많지만 양반들이 전傳의 형태로 기록한 것들도 많다. 그리고 나라에서 열녀를 기리기 위해 세웠던 정문旌門이 아직도 많이 남아 있는 것을 보면 참 열녀가 많았던 것처럼 보인다. 그런데 만약 국어시험에서 열녀 이야기에 대한 반응으로 "당시에는 여성들이 '열烈'의 덕목을 잘 지키며 살았다."라는 선지가 있다면 이것에 대한 정오 판단은 어떻게 해야 할까? 열녀들이 많았으니까 당연히 옳은 반응이라고 생각할지 모르지만 정확하게 말하면 이것은 틀린 반응이다. 상을 준다는 것은 그 행위가 모범적이고 특출나기 때문이다. 즉 대다수의 사람들은 잘 안 지키고 살았기 때문에 열의 덕목을 잘 지킨 열녀가 특출한 것이다. 모두가 열의 덕목을 잘 지키고 열녀로 산다면 열녀에게 굳이 상을 줄 이유는 없을 테니까 말이다.

이와 같은 논리가 적용되는 말 중에 우리가 가장 흔히 쓰는 말이 '불혹不惑의 나이' 라는 것이다. 나이 40을 흔히들 유혹에 흔들리지 않는 나이라는 의미로 불혹이라고 한다. 이 말은 《논어》 〈위정爲政〉편에 나오는 공자의 말 "나는 열다섯에 학문에 뜻을 두었고〔志學지학〕, 서른 살에 세상에 섰으며〔而立이립〕, 마흔 살에 미혹되지 않았고〔不惑불혹〕, 쉰 살에 천명을 알았으며〔知天命지천명〕, 예순 살에 귀가 순했고〔耳順이순〕, 일흔 살에 마음이 하고자 하는 바를 따랐지만 법도에 넘지 않았다.〔從心종심〕" 에서 비롯된 것이다. 여기에서 따와 각각의 나이를 지학, 이립, 불혹, 지천명, 이순, 종심으로 부르기도 한다.

그렇지만 현실을 생각해 보면 대한민국에서 가장 개념 없기로 유명한 열다섯 살 중2들에게 학문에 뜻을 두기를 바라는 것은 무리이고, 갓 취직에 성공한 30대에게 세상에서 유명해지기를 바라는 것은 무리이다. 마흔에는 유혹에 쉽게 흔들리게 되고, 쉰 살에 인생의 고비를 만나면서 천명이 무엇인지를 모르게 된다. 예순이 되면 자신의 정치적 견해나 명령에 대해 아랫사람들이 토를 다는 것이 모두 귀에 거슬리고, 일흔이 된 사람이 하고 싶은 대로 하면 대부분 순리에 안 맞는다고들 한다. 결론적으로 말하면 지학, 이립, 불혹, 지천명, 이순, 종심과 같은 말은 공자와 같은 훌륭한 분들에게 해당하는 말이지 보통 사람들에게 해당되는 말이 아니다. 성인이 성인인 이유는 보통 사람들하고는 다르기 때문이다. 그러니까 불혹의 나이가 되었음에도 불구하고 마음이 왜 허하고 쉽게 흔들리는지에 대해서 심각하게 생각할 필요는 없다. '불혹의 나이'라는 것은 유혹에 흔들리지 않는 나이라는 의미가 아니라 끊임없이 유혹에 흔들리는 나이이며, 그런 속에서도 불혹을 추구한다는 의미를 담고 있는 말이니까.

빚쟁이

　우리나라 가계 빚이 1089조 원으로 한 해 동안 무려 67조 6000억 원이 늘었다는 뉴스가 있었다. 워낙 조 단위로 이야기하는 것이 많아지다 보니 이 금액이 감이 잘 안 오는데, 이 금액을 국민 수로 나누면 2150만 원이라는 숫자가 나온다. 한마디로 젖먹이 아기들까지 포함한 전 국민이 2000만 원 이상의 이상의 빚을 지고 있다는 것인데, 그러다 보니 빚을 감당하기 어려운 '빚쟁이'들이 늘어나는 것과 빚을 떼일 위기에 놓인 '빚쟁이'들도 따라서 늘어가는 것이 우리 사회의 큰 문제가 되고 있다.

　'빚쟁이'는 같은 말이 문맥에 따라 상반된 의미를 가지고 있는 특이한 경우인데, 이 문제는 일반적으로 많이 사용되는 다음 예문을 통해서 한번 생각해 보자.

1. 그는 시도 때도 없이 찾아오는 빚쟁이들에게 시달렸다.
2. 그는 사업에 실패해 하루아침에 빚쟁이가 되었다.

예문 1의 '빚쟁이'는 다른 사람에게 받을 돈이 있는 채권자를 뜻하는데, 예문 1과 같은 상황이라면 '그'는 불쌍한 사람이고, '빚쟁이'는 악착같고 악랄한 사람으로 느껴진다. 예문 2의 '빚쟁이'는 다른 사람에게 돈을 빌린 채무자를 뜻하는데, 경제학적 용어로 이야기를 하자면 빚이 많아서 디폴트 선언하기 직전에 있는 모습이라고 할 수 있다. 왜냐하면 금방 갚을 수 있는 적은 돈을 빌린 사람에게는 빚쟁이라는 말을 쓰지 않기 때문이다. 그래서 예문 1의 빚쟁이에 대해 다시 생각해 보면 돈을 떼일 가능성이 높은 상황에 놓여 있는, 어쩌면 피해자가 될 수도 있는 불쌍한 사람일 수 있다.

우리말에서 이처럼 같은 말이지만 상반된 의미로 사용되는 경우는 좀 더 있는데, 가장 대표적인 것이 '유감'이다. '유감'이라는 말은 "국민들에게 불편을 끼친 점을 유감으로 생각한다."와 같이 사용될 때는 사과의 표현으로 사용되지만, "일본 총리의 발언에 강한 유감을 표하는 바이다."와 같이 사용될 때는 상대에 대한 불쾌감을 표현하는 말이 된다. '유감'이라는 말은 '죄송하게 생각한다.'나 '불쾌하게 생각한다.'와 같이 직설적으로 이야기할 때의 문제를 중화시키기 때문에 모호한 표현을 좋아하는 정치나 외교에서 만능키처럼 사용된다.

'빚쟁이'가 상반된 의미를 가지게 된 것에 대한 단서는 사전을 통해 알 수 있다. 사전에는 '빚쟁이'에 대해 '1. 남에게 돈을 빌려준 사람을 낮잡아 이르는 말. 2. 빚을 진 사람을 낮잡아 이르는 말.'로 되어 있다. 일반적으로 사전에는 처음에 생긴 말을 1번에 적고, 확장된 의미를 2번 이후로 적는다. 그렇게 본다면 '빚쟁이'는 채권자의 뜻으로 처음 사용했다고 할 수 있다. 그런데 접사 '-쟁이'를 사전에서 찾아보면 "'그것이 나타내는 속성을 많이 가진 사람'의 뜻을 더하는 접미사."로 되어 있다. '겁쟁이'는 겁이 많은 사람이고, '멋쟁이'는 멋이 많은 사람이다. 그렇다면 '빚쟁이'는 빚이 많은 사람을 뜻하는 것이 되는데, 상식적으로 생각해 보면 빚이 많은 사람이라고 하면 돈을 많이 빌린 사람을 떠올리지, 돈을 많이 빌려 준 사람을 떠올리기는 어렵다. 이런 논리적인 문제 때문에 '빚쟁이'의 의미는 점차 채무자를 뜻하는 것으로 의미가 이동하고 있음을 볼 수 있다.

'빚쟁이'가 갚기 어려울 만큼의 빚을 가진 채무자를 뜻하는 것으로 더 많이 사용되면서 나타나는 현상 중 하나는 "그 빚쟁이는 빚쟁이에게 시달렸다."와 같은 식으로 두 개가 한 문장 안에서 동시에 사용되지는 않는다는 점이다. 그리고 채무자는 자기가 감당할 수 없을 만큼의 많은 빚을 질 수 있기 때문에 예문 2에서처럼 단수로 사용되는 경우가 훨씬 많지만, 한 명의 '빚쟁이' 한테는 여러 명의 채권자들이 있을 수 있다. 그래서 '채권자' 의 의미로 사용되는 '빚쟁이' 는 예문 1에서처럼 '빚쟁이들' 과 같이 복수형으로 사용되는 경우가 훨씬 많음을 볼 수 있다. 이것은 바로 우리말이 정확한 논리를 찾아 변화하고 있음을 보여준다.

빠르다와 이르다

말을 배울 때 반대말을 배우는 이유는 반대말을 알면 의미를 직관적으로 파악할 수 있기 때문이다. 예를 들어 '붙다' 라는 말을 알면 반대말 '떨어지다' 는 쉽게 파악이 된다. 그리고 흔히 혼동하는 '다르다' 와 '틀리다' 의 경우도 반대말이 각각 '같다' 와 '맞다' 라고 생각하면 혼동할 필요가 없다. 그런데 하나의 말이 여러 개의 반대말을 가지고 있는 경우는 사용이 애매한 경우가 많은데 그중 하나가 '이르다' 와 '빠르다' 이다.

많은 참고서나 공무원 수험서를 보면 '약효가 빠르다/느리다' 처럼 '빠르다' 는 '느리다' 의 반대말로 사용하고, '이른/늦은 아침' 처럼 '이르다' 는 '늦다' 의 반대말로 사용한다고 설명을 하고 있다. 그렇지만 '빠르다' 는 속도가 빠른 것에서 확장되어 '어떤 기준이나 비교 대상보다 시간 순서상으로 앞선 상태에 있다.' 는 의미가 있고(빠르면 앞에 서니까), 부정적인 문맥과 결합해서 '어떤 일을 하기에는 시간이 더 필요한 상태에 있다.' 는 의미도 있다.(빠르면 성숙하지 못하니까) 이때는 '생일이 빠르다/늦다', '번호가 빠르다/늦다' 와 같이 반대말이 '늦다' 이기 때문에 앞에서 말한 구분법으로는 설명이 불가능하다. '해수욕장을 개장하기에는 아직 빠르다/늦다' 의 경우에는 '이르다' 와 의미 영역이 거의 겹치기도 한다.

이런 경우는 맞다/틀리다로 판단할 문제가 아니라 실제 용례를 보면서 어느 것이 보다 상황에 적절한 것인지를 판단해야 한다. 사전을 찾아보면 '이르다' 는 '대중이나 기준을 잡은 때보다 앞서거나 빠르다.' 로 설명이 되어 있다. 여기에서 말하는 '대중이나 기준' 은 사람들이 일반적으로 생각하는 것이다. 그래서 '이르다' 를 쓰는 경우는 일반적인 기준보다 앞서 있다는 의미가 강조된다. 예를 들어 '이른 나이에 직장을 잡았다.' 고 하면 일반적으로 직장을 잡는 이십 대 중후반에 앞서 직장을 잡은 것이 중요하지, 얼마나 더 앞선 시점에 직장을 잡았는지는 중요하지 않다. 그런데 축구에서 '승리를 위해서는 최대한 빠른/이른 시간에 골을 넣어야 한다.' 의 예에서는 '이른' 보다는 '빠른' 이 더 적절해 보인다. '내가 너보다 생일이 세 달 빠르다.' 에서 '빠르다' 를 '이르다' 로 바꾸기 어려운 데서 볼 수 있듯 기준이 보다 세분화된 경우에는 '빠르다' 를 쓰는 것이 더 적절하기 때문이다.

신문에서는 흔히 '빠르면/이르면 이번 주 내에 개각 발표가 있을 것이다.' 는 표현을 쓴다. 일부 책에서는 '빠르면' 이 틀렸다고 하지만 결론부터 말하면 둘 다 맞는 표현이다. 다만 미묘한 어감의 차이는 있다. '빠르면' 을 쓰는 경우는 '(인선 작업 속도가) 빠르' 다는 것을 의미하는 것으로 속도에 방점이 가 있는 경우이다. 만약 사람들의 일반적인 예상보다 앞선 시점에 개각 발표를 하는 것을 강조하려 한다면 '이르면' 을 쓰는 것이 더 정확하다고 할 수 있다.

전제와 가정

사각사각 가는 모래 벼랑에
사각사각 가는 모래 벼랑에
구운 밤 닷 되를 심습니다.
그 밤이 움이 돋아 싹이 나야만
그 밤이 움이 돋아 싹이 나야만
유덕하신 님을 여의고 싶습니다.

이것은 고등학교 때 누구나 한 번은 배웠던 고려가요 〈정석가〉의 일부분이다. 도저히 식물이 자랄 수 없는 모래 벼랑에, 그냥 밤도 아닌 구운 밤을 심으면 싹이 날 리가 없다. 그런데 화자는 그런 일이 일어나면 님과 이별하고 싶다고 이야기를 한다. 이 말은 구운 밤에서 싹이 날 리가 없으니까 님과 이별할 일도 없다, 즉 님과 이별하기 싫다는 것을 강하게 표현하는 것이다. 이처럼 우리 선인들의 글에서는 불가능한 상황에 대한 설정을 통해 자신이 소망하는 바를 재치 있게 드러내는 표현을 자주 볼 수 있다.

우리 선인들의 재치와 멋을 볼 수 있었던 가정적 표현은 오늘날 정치인들이나 언론인들의 경우에는 상황을 자신들의 입맛에 맞게 요리하는 데 많이 사용한다. 정당의 대변인들은 상대 당에 대한 확인되지 않은 의혹이 있을 때 "만약 이것이 사실이라면, 경악을 금치 못할 국기문란 행위이며, ㅇㅇ당은 자진해서 해체하는 것이 올바른 길이다."와 같은 표현을 자주 사용한다. '사실이라면' 이라는 가정하에서 자기가 하고 싶은 온갖 욕을 하지만, 사실이 아닐 수도 있다. 만약 사실이 아니라면 뒷부분에 오는 말은 아무런 의미가 없는 말이 된다. 그렇지만 정치인들은 그런 가능성에 대해서는 언급하지 않는다. 그리고 언론인들은 대변인의 말 중 일부분만 따서 "경악을 금치 못할 국기문란 행위!"와 같은 제목으로 기사를 내 보낸다.

이와 관련된 아주 희극적인 상황이 있었다. 문재인 의원은 야당 대표로 취임하면서 "정부가 민주주의와 서민 경제를 계속 파탄 낸다면 전면전을 시작할 것이다."라고 말했었다. 그런데 다음날 신문들에서는 일제히 "문재인, 정부와 전면전 선포!"라는 제목으로 기사를 냈다. 그리고 여당 의원들도 이

발언에 대해 유감을 표시하거나 사과를 요구하기도 하였다. 논리적으로 보면 여당 의원들의 반응은 정부를 보호하는 것처럼 하면서 지능적으로 정부를 비판하는 것이 될 수 있다. 야당 대표의 '전면전'은 '정부가 민주주의와 서민 경제를 계속 파탄 낼 때'에만 이루어지는 것이다. 만약 정부가 민주주의와 서민 경제를 파탄내지 않는다면 야당이 전면전을 치를 일도 없다. 결국 여당 의원들이 야당 대표의 '전면전' 발언을 문제 삼는 것은 정부가 민주주의와 서민 경제를 파탄 내는 것을 기정사실로 생각하는 것이라고 해석될 수 있다.

정치인들이 말하는 것을 따르면 '~한다면'의 형태로 제시되는 가정이 기정사실화되는 경향이 있다. 우리가 어떤 새로운 판단을 내리기 위해서는 기존에 확정적인 사실을 바탕으로 하는데, 이것을 전제라고 한다. 예를 들어 "너는 오늘도 또 지각이구나."라는 말이 성립하려면 '너'가 그전에도 지각을 했다는 것이 분명히 있어야 한다. 일상에서 많이 쓰는 '전제 조건'이라는 말이 어떤 일을 하기 위해서 반드시 갖추어져야 하는 것을 의미하는 것도 비슷한 맥락이라고 할 수 있다.

문과생과 이과생

 경북 군위에서 매년 열리는 '삼국유사 골든벨' 대회와 인연
이 있어서 올해도 가족들과 구경을 갔었다. 결승에 올라 온
두 학생은 열 문제 이상 같이 맞고, 같이 틀리면서 마지막까
지 흥미진진한 대결을 펼쳤었다. 문제들 가운데는 학생들의
희비가 엇갈리는 흥미로운 문제들이 있었는데, 그중 한 문제
는 이렇다.

 "신문왕 대의 명망 높은 스님이었던 경흥법사가 갑자기 병
이 나서 한 달 이상 누워 있게 되었을 때 한 비구니가 나타나
서 치료법을 알려줍니다. 비구니가 알려준 치료법은 현대 의
학에서는 면역 글로블린을 증가시켜 면역계를 강화하고, 엔
돌핀과 같은 신경전달물질을 증가시켜 스트레스 호르몬인 코
티졸을 억제시키는 역할을 한다고 설명합니다. 이 치료법은
무엇일까요?"

정답은 '웃음' 이었는데, 틀린 학생들은 답을 듣고는 짧은 탄식과 함께 머리를 감싸 쥐었다. 참가한 학생들이 대부분 역사에 관심이 많은 문과생들이다 보니 '비구니가 알려 준 치료법' 에서 답이 나오는데 불구하고, '면역 글로블린, 신경전달물질, 코티졸' 과 같은 말이 나오자 어렵게 생각하고 지레 포기를 해 버린 것이다. 가야에서 철이 많이 나왔다는 것을 알고 있는 학생들도 '가야에서는 원자 번호는 26번이고 주기율표 상에서 8족 4주기에 속하는 이 금속이 많이 나왔다.' 고 하면 어려워한다.

이것은 글을 쓰거나 말을 할 때, 말을 하는 사람은 듣는 사람들이 어느 정도의 지식과 개념어들을 알고 있다는 전제하에서 말을 하고, 듣는 사람은 자기의 배경지식을 이용해 이해를 하기 때문이다. 배경지식이 없으면 이해가 어려워지고 낯선 개념어가 연이어 나오면 이해를 포기하게 된다. 그렇지만 이것은 반대로 문과생도 과학에 대한 약간의 배경지식을 갖추고 있다면 충분히 이해할 수 있다는 것을 의미한다. 이때까지 수능에 나온 과학 지문들을 읽어 본 사람들은 내셔널지오그래픽 채널에서 하는 〈코스모스〉와 같은 프로그램을 〈정도전〉만큼이나 흥미진진하게 볼 수 있다.

모의고사 문제 출제나 EBS 교재를 만드는 작업에서 나는 늘 비문학 독서 부분을 맡기 때문에 과학, 철학, 미학, 사회학, 경제학, 역사학 등 여러 분야의 글을 읽어야 한다. 그런데 나는 문과 출신이지만 과학 분야의 글이 쉽고, 오히려 인문학 분야 교수들이 쓴 논문들이 제일 이해하기가 어렵다. 인문학은 인간의 삶을 인간의 논리로 설명하는 것이다. 주제로 삼는 대상이 구체적인 삶과 어떻게 연결되며, 어떤 의미가 있는지 명쾌해야 하지만 그렇지 않은 글들이 많다. 게다가 문장은 엄청나게 길어서 영어 독해하듯 끊어 읽지 않으면 안 되는 글들도 많다. 인문학은 삶을 새로운 시각으로 설명하는 것이지, 쉬운 원리를 일부러 어렵게 설명하는 것이 아니다. 문과 사람들은 문과의 경쟁력을 키우기 위해서 글쓰기에서부터 좀 더 분발할 필요가 있다.

부딪치다와 부딪히다

　우리말 맞춤법 중에는 국어 선생들도 헷갈리는 경우가 있는데, 그중 가장 대표적인 것이 '부딪치다'와 '부딪히다'이다. 이 단어들은 발음도 비슷한데다 충돌 혹은 어떤 상황에 직면함의 뜻을 가지고 있(다고 하지만 잘 사용하지 않)는 '부딪다'에서 나온 것이기 때문에 정확한 사용을 위해서는 상황을 잘 따져 보아야 한다.

　'부딪치다'는 '부딪다'에 강세를 나타내는 접미사 '-치-'가 붙어서 만들어진 파생어이다.(강세 접미사 '-치-'는 사용된 예가 '넘치다, 밀치다' 정도로 그 수가 매우 적다.) 그래서 '파도가 바위에 부딪치다.', '팔을 흔들다가 옆 사람에게 부딪쳤다.', '그는 불합리한 현실에 부딪쳐 싸웠다.'와 같이 자신의 행위나 의지로 충돌을 하였을 경우 '부딪치다'를 쓰는 것이 더 적절하다.

'부딪히다' 는 '부딪다' 에 피동 접미사 '-히-' 가 붙어서 만들어진 말이다. 피동 접사가 붙었다는 것은 주체가 다른 힘에 의하여 움직이는 것, 즉 자기 의지와 상관없이 어떤 행위를 당함을 의미하게 된다. '배가 빙산에 부딪혀 가라앉았다.' 의 예에서는 배가 빙산에 충돌을 당한 것이기 때문에 '부딪히다' 를 쓰는 것이 적절하다. '그는 경제적 난관에 부딪혀 파산했다.' 에서도 자신의 의지로 난관에 직면한 것이 아니기 때문에 '부딪히다' 를 쓰는 것이 적절하다. 만약 동계올림픽 쇼트트랙 경기에서 '미국 선수가 한국 선수에 부딪쳤다.' 라고 한다면 미국 선수는 실격을 당하고 한국 선수는 구제될 가능성이 높게 된다. 이것을 '부딪히다' 로 쓰면 판정이 반대가 될 수 있다.

그런데 이러한 상황에 대한 판단이 아주 명확한 것은 아니다. 일반적으로 피동문의 경우는 그에 대응하는 능동문이 있다. 그런데 '부딪히다' 의 경우는 '그는 (한눈을 팔다가) 전봇대에 부딪혔다.' 를 능동문으로 바꾸면 '전봇대가 그를 부딪었다.' 가 되어 매우 어색해진다. 그리고 표준국어대사전의 '부딪히다' 와 '부딪치다' 의 항목에는 '파도가 뱃전에 부딪히다.' 와 '파도가 바위에 부딪쳤다.' 와 같은 예문이 있다. 만약 파도가 정박해 있는 뱃전에 부딪는 경우라면 파도가 바위와 부딪는 것이나 뱃전에 부딪는 것이나 차이가 없기 때문에 둘 다 '부딪치다' 를 써야 한다. '파도가 뱃전에 부딪히다.' 를 쓸 수 있는 상황은 파도는 가만히 있는데 뱃전이 파도를 치고 가는 상황에서만 가능하다.

표준국어대사전에는 또 '아이가 한눈을 팔다가 선생님과 부딪혔다.' 와 '한눈을 팔다가 전봇대에 머리를 부딪쳤다.' 라는 예문도 있다. 상식적으로 한눈을 팔았으면 자기 의지와 상관없이 충돌을 당한 것이 되므로 둘 다 '부딪히다' 로 쓰는 것이 더 적절할 것이다. 표준국어대사전의 예문들은 '부딪치다' 와 '부딪히다' 의 구분이 어렵다는 것을 역설적으로 보여 주는 것이다.

기억과 추억

드라마 〈응답하라 1988〉을 만든다는 이야기가 나왔을 때 동기들과 과연 이 드라마가 이야기가 될 것인가를 가지고 이야기를 했었다. 1988년이라면 인질을 잡고 '유전무죄 무전유죄'를 외치던 탈옥수가 사회적으로 큰 공감을 얻었을 만큼 공정하지도 않았고, 정의사회 구현을 내걸었던 대통령이 퇴임했지만 그렇게 정의롭지도 않았던 세상이었다. 88올림픽이 성공적인 대회였다고 하지만 제일 먼저 떠오르는 것은 실컷 두들겨 맞고도 금메달을 땄던 복싱 선수이다. 그런 어두운 면을 제외하고 1988년의 추억을 살려낼 수 있을지가 의문이었다.

게다가 주인공들이 고등학생 아니면 대학생이 될 텐데, 그 시절 고등학생들이 공유하고 있는 기억이라고는 '활석방형 인정석황 강금'과 같은 암호들이나 '오등은 자에 아 조선의 독립국임과' 로 시작하는 독립선언문을 밑줄 치고 외우던 것이 대부분이었다. 영화 〈말죽거리 잔혹사〉에서 권상우가 학교를 떠나며 외치던 "대한민국 학교 X까라 그래!"가 그 시절 학교를 가장 잘 표현할 수 있는 말이었으니 아련한 추억과 달달한 사랑 이야기를 기대하는 사람들에게 무엇을 이야기해 줄 수 있을까? 대학생이 주인공이 되어도 재미없기는 마찬가지다. 학과 선배들의 성향에 따라 NL이나 PD 어느 계열에 속해 밤새 '민중, 민주화, 통일' 에 대한 주제로 밤새 토론하고, 낮에는 집회에 나가던 것이 일상이었다. 서울대 학생들의 경우에는 조국의 미래와 집안의 미래를 다 짊어지고 엄청난 압박감 속에서 살아야 했었다. 거기에 무슨 로맨스가 있을까?

88년의 주인공들이 성장하면서 겪는 일들도 만만찮다. 89년이 되면 온갖 고난을 뚫고 전교조가 설립되었으며, 현 민주노총의 전신인 전노협의 탄생이 임박하게 된다. 또 전대협 의장이었던 임종석 씨가 운동권의 스타로 떠오르기도 했었다. 한마디로 요즘 세상에 드라마로 보여주기에는 위험한 내용들이 그 시절 기억들의 대부분이다. 그런데 실제 드라마를 보니 그 세대들이 공유하는 '기억' 들 중에서 '추억' 이 될 수 있는 것들만을 잘 골라내서 보여주고 있었다. 중심이 되는 이야기는 시대 상황을 건드리지 않고 모두가 꿈꾸던 판타지에 가까운 이야기로 대체함으로써 아주 흥미롭고 아름다운 이야기를 만들어가고 있었다.

'응답하라' 시리즈는 '기억' 과 '추억' 을 가장 잘 이용하는 기획이다. 기억은 보고 듣거나 학습한 것들이 머릿속에 기록된 것이다. 그래서 기억 중에는 나쁜 기억도 있고, 좋은 기억도 있으며, 좋고 나쁠 것도 없는 잡다한 생각들이나 인상 깊었던 장면 모두가 해당된다. 기억력이라는 것은 많이 저장하는 능력도 중요하지만 필요한 때에 꺼낼 수 있는 능력도 포함하는 개념이다. 기억은 상황에 대한 판단의 근거가 되고, 새로운 지식을 만들어 낼 수 있는 근거가 되기도 한다. 추억追憶은 한자의 뜻대로 의식적으로 기억을 쫓아가는 것이다. 그러려면 추억의 대상은 당연히 멀리 떨어진 기억이고, 쫓아갈 만한 가치가 있는 아름다운 기억이다. 추억 하는 것이 그리움의 감정과 연결되는 이유도 그 때문이다. '군대 시절의 추억' 과 같은 말은 모순 형용에 가까운데, 그래도 이 말이 성립될 수 있는 이유는 군대 생활 중 10%의 소소한 재미는 있었고, 나머지 90%는 다시 오지 않을 것이라는 안도감이 있기 때문이다. '가슴 아픈 추억' 과 같은 말은 생각하면 가슴이 아프기만 한 것이 아니라, 지금은 가질 수 없는 순수함이나 열정 같은 아름다운 구석이 있기 때문에 추억하는 것이다.

사람은 나이가 들면서 기억력은 떨어지는데, 추억력은 점점 더 커져간다. 당장 이틀 전의 일은 생각이 나지 않는데, 20

년 전 첫눈 오는 날 대구역 시계탑 앞에서 만나기로 한 약속이 문득 생각나면서 그 시절의 모습이 한 편의 스크린처럼 지나가기도 한다. 그 시절로 돌아가 보면 그리 아름답지 않을 것이지만, 다시 오지 않기에 아름답게 보인다.

요구와 요청

여야의 합의로 통과된 국회법 개정안에 대해 청와대가 거부하자 국회의장이 '요구'를 '요청'으로 바꾼 수정안을 내놓았다. 주변에서 '요구'와 '요청'이 무슨 차이가 있냐를 문의해 와서 법안의 문구를 확인하려고 뉴스들을 찾아보니 찾기가 힘들었다. 법안의 본래 말과 개정안에 대한 취지는 보이지 않고 대부분의 기사들은 정치인들이 자기 입장만을 주장하며 상대방을 비난하는 것들이었다.

기사 검색을 포기하고 법제처에서 확인한 원래 국회법 98조 2항은 이렇다.

"상임위원회는 위원회 또는 상설소위원회를 정기적으로 개회하여 그 소관중앙행정기관이 제출한 대통령령·총리령 및 부령(이하 이 조에서 '대통령령 등'이라 한다)에 대하여 법률에의 위반 여부 등을 검토하여 당해 대통령령 등이 법률의 취지 또는 내용에 합치되지 아니하다고 판단되는 경우에는 소관중앙행정기관의 장에게 그 내용을 통보할 수 있다. 이 경우 중앙행정기관의 장은 통보받은 내용에 대한 처리 계획과 그 결과를 지체 없이 소관 상임위원회에 보고하여야 한다."

처음의 개정안은 밑줄 친 부분을 '수정·변경을 요구' 할 수 있다는 것이었다. 이전에는 국회에서 문제가 있다고 생각하는 대통령령에 대해서 '이런 점에서 상위 법률에 맞지 않습니다.' 라고 해서 행정부로 '통보' 하면 행정부가 그 의견을 수렴하여 (국회의 의사와는 상관없이) 알아서 처리하는 것이었다. '수정·변경을 요구' 한다는 것은 국회에서 '이 부분은 이렇게 고쳐 주십시오.' 라고 의사를 밝히면, 정부에서는 수용하지 않아도 되지만 그에 따른 합당한 답변을 갖추어 국회를 설득해야 하고, 합당한 이유 없이 밀어붙였을 때 정치적 부담도 가져야 하는 것이기 때문에 '통보' 보다 훨씬 강력한 말이라고 할 수 있다. 이 점 때문에 국회의장이 찾은 묘수가 바로 '요구' 를 '요청' 으로 바꾼 것이다. 사전을 찾아보면 '요구' 와 '요청' 의 차이는 분명하게 드러난다.

요구要求 「명사」

「1」 받아야 할 것을 필요에 의하여 달라고 청함. 또는 그 청.

¶ 요구 사항 / 요구 조건 / 요구에 응하다

「2」 『법률』 어떤 행위를 할 것을 청함.

¶ 증인 출두 요구.

요청要請「명사」

「1」 필요한 어떤 일이나 행동을 청함. 또는 그런 청.

¶ 협력 요청 / 지원 요청 / 항해 중인 선박에서 구조 요청이 왔다.

여기서 보면 요구와 요청의 결정적 차이는 요구에 있는 '받아야 할 것을 필요에 의하여'에 있다. 그래서 요구한다는 것은 마땅히 받아야 할 것을 받기 위해 자신의 의사를 강력하게 주장하는 것이다. 반면 요청한다는 것은 자신한테는 꼭 필요한 것이지만 의사결정권은 전적으로 상대방에게 있는 것이다. 위의 예문에서 두 말을 바꾸어 썼을 때, 예를 들면 '요청 조건', '구조 요구'와 같은 말이 성립되지 않는 이유나 '출두 요청'보다 '출두 요구'가 강제적 느낌이 더한 것은 그 때문이다. 한마디로 이 미묘한 어감의 차이를 국회의장이 포착하고 행정부의 체면을 최대한 살려줄 수 있는 중재안을 마련한 것이라고 할 수 있다.

언어적 해석 자체만 놓고 보면 국회에서 '요구'를 하거나 '요청'을 하거나 행정부가 반드시 들어줄 필요는 없다. 그러므로 이것이 삼권분립을 훼손한다고 보기는 어렵다. 대신 행정부에서 만든 법률이 옳다는 것을 확실하게 보여 주어야 한다는 정치적 부담이 있을 뿐이다.

우연찮다

방송이나 신문 인터뷰에서 '심심찮게' 하는 말이 '우연찮
게'라는 말이다. "우연찮은 기회에 펜싱을 접하게 되었습니
다.", "친구 따라 갔다가 우연찮게 오디션을 본 것이 배우 생
활의 시작입니다." '만만찮다', '마뜩찮다'와 같이 쓰는 말이
많아진 영향인지는 몰라도 습관적으로 많이 사용한다. 표면
적인 논리로만 따지면 위의 예에서 펜싱을 접한 것이나 오디
션을 본 것은 우연이 아니라는 것이 된다. 그렇지만 사람들은
문맥을 통해 '우연찮게' 뭔가를 했다고 하면 '우연히' 그런
것으로 이해를 한다. 그냥 '우연히'라고 하면 될 것을 반의어
형태인 '우연찮게'를 사용해서 같은 의미를 표현한다는 것은
매우 불합리한 일이다. 그래서 대부분의 교과서들에서는 '우
연찮게'를 '우연히'로 고쳐 쓰는 것이 올바른 어법이라고 설
명을 하고 있다.

교과서의 설명대로라면 '우연찮다'는 필요가 없는 말이거나 우연의 반대인 '필연'을 의미할 때만 한정해서 써야 한다. 이때도 필연이라는 말이 있는데, 굳이 모호하게 '우연찮다'를 쓸 필요는 없기 때문에 결국 '우연찮다'는 말은 쓸모가 없는 말이라고 생각할 수 있다. 그렇지만 국립국어원에서 발행하는 표준국어대사전에는 '우연찮다'를 표준어로 사전에 등재시켜 놓고 있으며 그 뜻을 '꼭 우연한 것은 아니나 뜻하지도 아니하다.'라고 모호하게 설명을 하고 있다. 표준국어대사전의 설명은 우연이라고 말하기도 그렇고, 필연이라고 말하기도 그렇다는 것이다.

이것은 '~하지 않다'의 형태의 말이 가진 의미 범위를 생각하면 조금 쉽게 이해될 수 있다. '~하지 않다'라는 말은 수학적인 개념으로 말하자면 '~의 여집합'이라고 할 수 있다. 예를 들어 '적잖다'라고 하면 '적다'의 반대인 '많다'를 뜻으로만 이해하기 쉽지만 '적잖다'는 논리적으로 보면 '적다'를 제외한 모든 영역이 해당이 된다. 그러나 실제로는 '많다'의 의미로는 잘 사용하지 않고, '적지는 않고, 많다고 말하기는 어려운 정도의 양'을 이야기할 때 주로 사용한다. 비슷한 예로 '만만하다'는 말은 상대가 약해서 쉽게 다루거나 대할 만할 때 쓰는데, '만만찮다'는 상대가 약하지 않아서 대등하다는 의미로 사용하지만 상대가 아주 강할 때는 사용하지 않는다. 결국 사전에 등재된 '우연찮다' 는 의미로 바로 이런 관점으로 해석해 볼 수 있다.

어떻게 하다가 본 오디션으로 자신의 인생길이 달라졌다면 그것은 우연이라기보다는 운명이나 필연에 가깝다. 그룹 동물원의 〈다시 꿈을 꾸기 시작하란 의미일까〉라는 노래에는 7년 만에 우연히 옛사랑과 마주친 장면을 다음과 같이 표현하고 있다.

> 너를 꼭 닮은 여자 아이가 나를 보며 웃네
> 아마 당황한 내 모습이 우습게 여겨졌나봐
> 우연이란 결국 필연의 또 다른 모습임을 알았다면
> 좀 더 의연한 모습으로 너를 반겼을텐데

세상의 모든 우연이란 것도 결국 필연의 또 다른 모습이라고 한다면 '우연히' 보다는 '우연찮게' 라는 말이 더 적절할 것 같다.

두껍다 두텁다 후厚하다

'두껍다' 와 '두텁다' 는 쉬운 듯하지만 헷갈리는 우리말 순위를 매긴다면 상위권에 들어갈 만한 말이다. '책이 두껍다.' 와 '우정이 두텁다.' 정도는 우리의 일상적 언어 감각으로 충분히 구분해 낼 수 있다. 그런데 '봉투가 두껍다.' 의 경우에는 '두껍다' 대신에 '두툼하다' 를 많이 쓰기 때문에 그래서인지 발음이 비슷한 '두텁다' 를 써야 할 것 같아 헷갈리는 사람이 더러 있다. 여기에서 '선수층이 두껍다/두텁다' 나 '수비벽이 두껍다/두텁다' 를 물어 보면 '두껍다' 가 맞지만 '두텁다' 를 선택하는 사람들이 오히려 많다.

사전에 보면 '두껍다' 의 가장 기본적인 의미는 '두께가 보통보다 크다.' 이고, '두텁다' 는 '신의, 믿음, 관계, 인정 따위가 굳고 깊다.' 이다. 이 둘만 가지고 보면 '두껍다' 는 물질적, 구체적 상태를 말하는 것이고, '두텁다' 는 추상적인 상태를 이야기하는 것이기 때문에 구분이 매우 쉽다. 앞의 예에서 '책이 두텁다'거나 '우정이 두껍다.'라고 하지 않는 이유는 바로 그 때문이라고 할 수 있다. 그런데 문제는 '선수층'이나 '수비벽'처럼 구체성을 지니는 말이 의미가 확장되어 추상성을 가지게 된 경우이다. 이 경우는 확장되어서 추상성을 가지게 된 현재의 말이 아닌 원래의 말을 기준으로 한다. 그래서 사전에는 '두껍다'의 두 번째 의미를 '층을 이루는 사물의 높이나 집단의 규모가 보통보다 크다.'로 명시하고 있다.

'두껍다'와 '두텁다'가 헷갈리는 또 다른 이유는 두 말이 모두 한자로는 후厚를 쓴다는 점이다. 후厚는 일반적으로 '두 터울 후'라고 읽고 후덕厚德(덕이 두터움)과 후생厚生(살림을 넉넉 하게 함)과 같이 쓰인다. 그렇지만 후안무치厚顔無恥(얼굴이 두껍 고 수치를 모름), 후견厚絹(두꺼운 명주)와 같이 '두껍다'의 의미로 도 쓰인다. 그리고 보통 이상으로 더해주고 넉넉하게 해줄 때 는 한자를 그대로 써서 '후하다'라는 표현을 쓰기도 한다.

우리 사회에서 가장 많이 이야기되는 말이 '하후상박下厚上 薄'이라는 것이다. 이 말은 아랫사람들에게는 후하게 대하고, 윗사람들에게는 박하게 대한다는 것으로 더 걷어야 될 것이 있으면 윗사람한테만 거둔다거나 윗사람이 많이 받는 것을 떼어서 아랫사람에게 준다는 것이다. 그런데 이 좋은 말을 공무원연금을 깎으면서 국민들의 여론을 무마하는 명분으로 사용한다는 것이 참 서글픈 일이다. 현재 30, 40대 공무원들은 이미 두 번의 연금법 개정으로 퇴직한 선배들에 비해 더 많이 내고도 더 적게 받는다. 거기에다 조삼모사朝三暮四 하던 것을 조이모삼朝二暮三 하겠다는 것이 이번 연금법 개정의 본질이라고 할 수 있다. 하위직 공무원들에게 '보통보다 크다', '넉넉하다' 고 할 정도로 줄 자신이 없다면 '하후상박下厚上薄' 이라는 말장난은 하지 않는 게 좋을 것이다.

시체와 사체

우리 사회에 가장 충격적이었던 '세월호 참사'가 있은 후 순천의 매실밭에서 발견된 의문의 '사체'가 세그룹의 유병언 씨의 '시체'로 밝혀졌다. 사건 자체가 워낙 충격적인데다 〈신 비한 TV 서프라이즈〉에 나올 법한 의심스러운 부분이 많기 때문에 언론사들마다 엄청난 양의 기사를 내보냈다. 그런데 이 사건 보도에 사용된 용어들을 보면 대부분은 '사체'가 발 견되었다고 하지만 '시체'라는 용어를 고집하는 언론사도 있 었다. 그 이유는 '사체'라는 말이 일본식 한자라는 것이다. 일본에서는 상용한자의 범위에서 사용하기 위해 어려운 한자 인 '시屍'자 대신 '사死'를 사용하는데 우리가 굳이 일본의 한자어를 따를 필요가 있냐는 것이었다. 또 어떤 언론사는 한 국에서 '사체'라는 것은 동물에게만 해당되는 것이기 때문에 '사체'라는 말을 써서는 안 된다고도 했다.

그런데 이런 견해들이 성립하려면 일본에서 '사체'라는 말을 쓰기 전에 우리말에서는 '사체'라는 말이 없었어야 하고, 동물이 죽은 것은 '사체', 사람이 죽은 것은 '시체'라는 엄격한 구분이 있었어야 한다. 그렇지만 일본하고 한자가 같다고 해서 다 일본식 한자라고 보는 것에는 무리가 있고, 사람에게 '사체'라는 말을 쓴 적이 없다는 것에 대한 확실한 근거는 없다. 오히려 국립국어원에서 간행하는 《표준국어대사전》이나 그 이전에 한글학회에서 간행한 사전인 《우리말본》을 보면 '시체'는 '시신' '송장' '주검'과 같은 말로 '죽은 사람의 몸을 이르는 말'이라고 되어 있으며, '사체'는 '사람이나 동물의 죽은 몸'이라고 되어 있다.('주검'의 경우는 죽다의 어간 '죽-'에 명사형 접사 '-엄'이 결합해서 만들어진 것인데, 현대어에는 명사형 접사로 '-엄'을 사용하지 않기 때문에 '죽엄'으로 쓰지 않고 '주검'으로 소리 나는 대로 쓴다. '무덤'도 같은 원리가 작용한다.)

어떤 사람은 반문하기를 이 사전적 정의를 따른다면 사람의 경우라면 '시체'나 '사체'를 바꾸어 써도 무방하지 않냐고 한다. 그러나 이 글 제일 첫 문장의 경우 '시체'와 '사체'를 바꾸어 쓰면 매우 어색하다. 그 이유에 대한 해답은 바로 사전의 정의에 있다고 볼 수 있다. 둘 다 '몸'을 뜻하지만 '시체'의 '몸'을 수식하는 것이 '죽은 사람'이고, '사체'의 경우는 '죽은'이다. 그러므로 '시체' 계열의 말들은 신원이 명확하게 밝혀진 경우에 쓸 수 있으며, 사람이라는 것이 명확하기 때문에 '시체놀이, 산송장, 초주검'과 같은 비유적인 표현도 가능하다. 반면 '사체'의 경우는 죽은 상태에 강조점이 가 있기 때문에 신분 확인이 안 된 경우에 더 적절하다. 신문 사회면에서 흔히 보는 '의문의 사체'라는 더 적절해 보이는 것이나, '유병언 씨의 사체'라는 말보다 '유병언 씨의 시신'이라는 말이 더 적절해 보이는 이유도 그 때문이라고 할 수 있다.

말띠 여자

"그 사람 A형답게 많이 소심해요."

"강 씨라서 그런지 고집 있네."

"민 씨 집안 여자들 드세다더니 그 말이 맞네."

사람들은 흔히 이렇게 자기가 이때까지 본 것이나 다른 사람에게 들은 말을 가지고 판단을 하는 말들을 한다. 이 말들은 좋게 말하자면 자기의 관찰과 경험을 바탕으로 만들어진 일종의 귀납적 추론의 결과이고, 냉정하게 말하자면 아무런 근거가 없는 선입견일 뿐이다.

귀납적 추론이라는 것은 자신이 경험한 것을 바탕으로 '지금까지 이랬으니 앞으로도 그럴 것'이라고 판단하는 것이다. 이렇게 생각하는 방법은 상당히 과학적인 것처럼 보이지만, 엄밀하게 따져보면 아무런 근거가 없다.

철학자들은 지금까지 태양이 떴다 하더라도 '내일 태양이

뜨는지는 내일 가 봐야 안다.'고까지 이야기를 한다. 그 정도
의 엄밀함은 아니더라도 앞의 말들이 최소한 의미 있는 말이
되려면 통계적으로 A형인 사람이 소심하거나, 강 씨인 사람
이 고집이 세거나, 민 씨인 여자가 드셀 확률이 모두가 인정
할 만큼의 차이가 나야 한다. 그런데 그 말들은 통계적으로
증명된 것도 없고, 판단의 근거도 매우 자의적이다.(통계적으
로 유의미한 결과를 얻었다 해도 모든 A형이 소심한 것은 아니므로 A
형은 소심하다고 단정적으로 이야기를 할 수는 없다.)

　이렇게 과학적인 근거는 전혀 없지만 세간에 내려오는 설
이나 견해를 '속설俗說'이라고 한다. 물론 속설 중에도 과학
적 근거가 뒷받침되어 '사실'이나 '정설定說'이 되기도 하지
만 대부분은 막연한 미신이나 인상에 의해 형성된 것들이다.
A형이 소심하다는 것은 일본의 한 작가가 자기 주변의 몇 명
을 관찰해서 만든 이야기다. 강 씨가 고집이 세다는 것은 이
름에서 느껴지는 인상 때문이다. 민 씨 여자가 드세다는 것은
민 씨였던 원경왕후, 인현왕후, 명성왕후가 왕과 대등한 세력
을 가졌던 역사적 사실 때문이다. 그런데 가만히 한 번 생각
해 보자. 세상 사람들은 대부분 결정의 순간에 망설이고 뒤끝
이 있는 소심한 면을 가지고 있다. 그리고 다 자기 나름의 고
집이 있다.(그게 없으면 바보나 호구로 불린다.) 그리고 요즘 여자
들은 드세지 않은 경우를 찾아보기 힘들다.(같은 사람이라도 보

는 시점과 관찰자의 선입견이 작용을 해서 사람에 대한 판단이 달라
지는 경우가 많다.) 그런 것을 생각하지 않으면 속설들 모두가
맞는 것처럼 느껴지게 된다.

　말띠 여자는 드세고 팔자가 사납다는 속설 때문에 말띠 해
에는 예년에 비해 출생률이 줄어들고, 특히 여아의 출생률이
더 내려간다는 통계가 있다. 어떤 사람들은 이 통계가 말띠
여자에 대한 속설이 사실임을 증명해 주는 근거라고 생각하
기도 한다. 그러나 말띠 여자에 대한 속설이 사실이라면 말띠
여자가 대한민국에서 가장 개념이 없는 나이인 중2가 되는
때에는 학교에는 온갖 재앙과 사건사고로 통제 불능이 될 것
이다. 그렇지만 그런 일은 일어나지 않을 것이다. 왜냐하면
말띠 여자들은 출생률이 낮기 때문에 적은 인원이 더 좋은 환
경에서 공부를 하고, 더 많은 남자들로부터 사랑을 받을 것이
기 때문에 경쟁으로 인한 스트레스가 적을 것이기 때문이다.
그래서 말띠 여자들은 다른 띠들보다 행복하게 성장을 할 가
능성이 높다. 이것이 바로 진짜 인과관계라고 할 수 있다. 덧
붙여 정확한 인과관계를 제시하여 말의 설득력을 높이는 사
람들은 유식해 보이고, 속설을 그대로 받아들여서 이야기를
하는 사람은 무식해 보인다는 것은 정설이라고 할 수 있다.

짜장면

30년 전 내가 가슴에 대구 명덕국민학교 교표를 붙이고 다니던 꼬마였을 때, 누나와 연애를 하던 지금의 자형은 미래의 처남을 자기편으로 만들려고 그랬는지 종종 나를 중국집으로 데려갔었다. 자형은 비싼 걸 시켜도 된다고 했지만 나는 항상 짜장면 곱빼기를 시켰다. 짜장면 외의 메뉴를 모르는 탓도 있었겠지만 짜장면보다 맛있는 음식을 먹어 본 적이 없었기 때문이었다. 그땐 지금의 몸무게 반도 안 나갔지만 짜장면 그릇에 얼굴을 박고 입가에 짜장을 묻혀가면서, 지금은 다 먹지도 못하는 곱빼기를 순식간에 먹어 치웠다. 그러고도 뭔가 아쉬웠는지 아직 남은 누나의 그릇을 바라보기도 했었다.

그런 추억들과 함께한 짜장면을 보고 국립국어원에서는 어느 날 갑자기 '자장면'으로 쓰라고 하고, 짜장면으로 쓰는 사람은 국어를 잘 모르는 사람, 무식한 사람 취급을 하기 시작했다. 그럼에도 중국집 사장님들은 대륙의 기상을 가졌는지, 대부분 꿋꿋하게 짜장면이라고 썼다. 가끔 자장면으로 써 놓은 곳을 볼 수 있기도 한데, 자장면이라고 하니 왠지 MSG와 카라멜 색소(표준어는 캐러멜 색소이지만)가 들어가지 않은 착한 음식 같은 느낌은 들지만, 우리의 추억과 함께했던 그 까맣고 반들거리며 보는 것만으로 군침이 돌게 하는 그런 음식이라는 느낌은 들지 않는다.

짜장면을 자장면으로 쓰라고 한 것은 외래어 표기법 원칙과 관련이 있다. 우리말은 외국말과 다르기 때문에 듣기에 따라서 조금씩 차이가 난다. 예를 들어 'file'을 누구는 '파일'로 쓰고, 누구는 '화일'로 쓰면 의사소통에 어려움이 생길 뿐만 아니라 국어 자료를 데이터베이스로 만드는 것도 어려워진다. 그래서 우리나라에서는 표준어 규정과 더불어 외래어 표기 규정도 두고 있는데, 짜장면의 경우는 외래어 표기 규정 제1장 4항 "파열음 표기에는 된소리를 쓰지 않는 것을 원칙으로 한다"를 적용한 것이다. 이 규정에 의해 실제 발음은 '까페', '빠리'에 좀 더 가깝지만 '카페', '파리'로 쓰는 것이다. 그러니까 짜장면도 중국어 짜지앙미엔(炸醬麵)에서 온 것으로 보고 규정을 적용하여 자장면, 혹은 차장면 중 하나로 표기하라는 것이다.

그러면 여기에서 한 가지 의문이 든다. 짬뽕은 왜 '잠봉'이나 '참퐁'으로 쓰지 않나? 짬뽕은 외래어가 아니라 한국에서 만들어진 말로 보기 때문에 외래어 표기법 규정을 적용받지 않기 때문이다. 짜장면에 대한 논란이 만들어진 근본은 규정의 잘못이 아니라 짬뽕과 별다를 바가 없는 짜장면의 연원을 중국에서 찾으며 무리하게 외래어로 분류한 데서 생긴 것이다. 2011년 국립국어원에서는 그런 무리함과 언중들의 거부감을 인정하였고, 짜장면은 25년 만에 표준어의 지위를 회복했다.(자장면과 복수 표준어) 한국인들의 삶과 함께하면서 수많은 이야기들과 풍부한 연상을 만들어낸 말은 외래어 자장면이 아니라, 우리말 짜장면이기에 이 조치는 다행스러운 일이다. 그리고 짜장면을 우리 음식, 우리말로 생각한다면 자장면은 버리는 것이 옳다.

3부

문학 읽기의 즐거움

시 읽기의 즐거움

중학교에 다니는 딸아이가 기말고사 준비를 하고 있는 것을 보니 시험범위에 백석의 시 〈수라〉가 있었다. 고3 수능 대비 문제집에 많이 나오는 시를 중학교 1학년에서는 어떻게 배우나 싶어서 시 내용에 대해 아이에게 물어 보았다. 아이는 "응, 그거? 일제 강점기에서 우리 민족이 처해 있는 비참한 현실을 이야기한 시야."라고 답을 했다. 나는 뭘 보고 일제 강점기라고 생각하냐고 물었더니 그냥 수업 시간에 그렇게 배웠다는 것이다.

거미새끼 하나 방바닥에 나린 것을 나는 아무 생각 없이 문밖으로 쓸어버린다

차디찬 밤이다

언제인가 새끼거미 쓸려나간 곳에 큰 거미가 왔다

나는 가슴이 짜릿한다

나는 또 큰 거미를 쓸어 문밖으로 버리며

찬 밖이라도 새끼 있는 데로 가라고 하며 서러워한다

이렇게 시작하는 시에서 일제 강점기를 연상할 수 있는 부분이 어디 있을까? 눈을 씻고 보아도 이 시에서 곧바로 일제 강점기를 연상할 수 있는 단서는 전혀 없다. 시를 읽을 때 가장 기본이 되는 것은 오로지 시 자체만 읽고 그에 대해서 해석을 하는 것인데, 이를 '내재적 읽기'라고 한다. 내재적 읽기로 이 시를 읽으면 아무 생각 없이 거미를 버렸다가 거미를 통해 가족을 생각하는 화자의 모습이 머릿속에 그려진다. 이 시에서 재미있는 것은 화자가 거미를 불쌍하게 생각하면서도 새끼 있는 데로 가라고 큰 거미를 찬 밖으로 던져 버린다는 것이다. 그러고는 자기는 서러워한다. 거미는 찬 밖에 있지만 가족과 함께 있게 된 것이고, 자기는 따뜻한 방안에 있지만 거미보다 못한 처지라서 생각해서 그럴 것이다. 화자는 가족과 떨어져 있는 자신의 서러움을 거미를 통해 말을 한다는 것을 짐작해 볼 수 있다.

내재적 읽기가 바탕이 된 상태에서 좀 더 알고 싶으면 시인 백석과 그의 시 경향, 작품이 발표된 때의 시대적 상황 등에 대해서 조사를 해 볼 수도 있다. 그렇게 조사한 내용들과의 연결고리를 이용해서 읽는 방법을 '외재적 읽기'라고 한다. 외재적으로 읽는 방법은 부수적이고 참고 사항 정도로 시를 읽는 방법이지만 학교에서는 시험에 내기에 편하기 때문에 이 부분에 더 집중을 하는 경우가 많고, 그러다 보니 학생들은 시 해설서를 주지 않으면 시를 읽지 못하는 경우가 많다. 시를 그렇게 읽으니까 재미도 없고, 감동도 없는 그저 수수께끼 같은 어려운 말로 들리는 것이다.

대학에 있는 친구나 선후배들의 이야기를 들으면 국문과나 국어교육과 면접에서 꼭 하는 것 중 하나가 시 암송하기인데, 이때 우리나라 학생들은 〈서시〉파와 〈진달래꽃〉파로 나뉜다고 한다. 그 이유는 좀 더 길면서 외울 수 있는 다른 시가 없기 때문일 것이다. 시를 외울 수 있다는 것은 그만큼 시에 대해서 관심과 애정이 있을 때 가능한 것이다. 어렵고, 괴롭고, 재미없는 것에 관심과 애정이 생기지는 않는다. 시는 즐겨야 제 맛이다.

고전 읽기의 즐거움

남자가 여자에게 '너는 방아확이 되고, 나는 방아공이가 되어' 방아나 찧어 보자고 말하자 여자는 왜 자기는 밤낮 아래로 가야 하냐고 항변을 한다. 이 낯 뜨거운 대사는 영원한 우리의 고전으로 불리는《춘향전》에 나오는 한 대목이다.

고전古典이란 오랫동안 많은 사람에게 널리 읽히고 모범이 될 만한 문학이나 예술 작품을 뜻한다. 그래서 사람들이 고전이라는 말에서 연상하는 것은 뭔가 묵직한 주제를 가지고 있으며, 그런 책을 읽으면 뭔가 있어 보일 것 같은 느낌이다. 단테의《신곡》이나 도스토옙스키의《죄와 벌》과 같은 작품들이 그런 반열에 있는 작품이라고 할 수 있다.

고전을 그런 의미로 생각한다면 위에 예를 든《춘향전》을 비롯한 우리나라의 고전소설들은 고전古典이라는 말에 참 어울리지 않아 보이는 것들이 많다. 김만중이 쓴《사씨남정기》

의 경우는 이것을 현대적으로 재해석한 드라마를 만들 경우 역대 최강의 막장드라마라고 해도 손색이 없을 만큼 자극적이면서 흥미진진한 이야기들로 가득차 있다. 첩으로 들어온 교씨가 동청이라는 건달하고 정을 통하면서 사씨를 몰아낼 음모를 꾸미고, 나중에는 건달패들에게 쫓겨난 사씨를 성폭행하라고 명하는 것을 보면 이게 그 유명한 소설 맞나 하는 생각이 든다. 모든 악행이 밝혀지고 집안에서 쫓겨난 교씨가 유곽에서 몸을 파는 것으로 나오는 마지막도 충격적이기까지 하다.

함경도 철산 부사를 역임했던 전동흘의 행적을 기리기 위해 쓴《장화홍련전》의 경우도 여러 이본들을 꼼꼼히 읽어 보면 우리가 익히 알고 있는 유령이 된 장화와 홍련이 권선징악을 한다는 것과 거리가 멀다. 계모는 몰락한 양반 집안의 여자로 자신에게 주어진 역할에 최선을 다했지만, 장화와 홍련은 계모를 무시했다. 그리고 실제로 장화와 홍련의 살해를 명한 사람은 아버지였다. 장화를 죽인 계모의 아들 장쇠는 재판에서 모든 잘못이 자신에게 있으니 어머니를 살려달라고 하는 효심이 깊은 모습을 보면 약간은 혼란스럽기까지 하다. 예전에 고등학교 국가수준 성취도 평가에서 계모에 대한 재판 장면을 지문으로 제시하고, 계모의 변호사가 되어 계모를 변호하는 글을 써 보라는 주관식 문제가 출제된 적이 있었는데,

그 문제가 가능했던 이유는 계모가 마냥 악인은 아니었기 때문이다.(내가 만약 현대적으로 재해석한 소설을 쓴다면 이 모든 사건은 장화 홍련의 아버지인 배좌수와 세 번째 결혼한 부인이 실은 내연 관계였다는 설정을 바탕으로 이야기를 만들어 보고 싶을 정도다.)

이런 이유 때문에 어떤 사람들은 우리나라의 고전소설은 고전古典이 아니라 단지 옛날부터 전해져 온다는 의미의 고전古傳으로 이름 붙여야 한다고 말을 한다. 그렇지만 나의 생각은 좀 다르다. 도스토옙스키의 《죄와 벌》이 죄 지으면 벌 받아야 한다는 단순한 교훈을 담고 있어서 고전의 반열에 오른 것은 아니다. 그 안에는 오늘날에도 계속 재해석이 될 수 있는 인간의 불완전성에 대한 풍부한 이야기들이 있기 때문이다. 특히 우리나라의 고전소설은 여러 이야기꾼들을 거치면서 더 흥미롭고 풍성한 이야기가 되면서 널리 읽혀 온 것들이 대부분이다. 그래서 읽으면 읽어볼수록 다시 생각되는 부분이 많고, 또 읽는 그 자체로 우리 조상들이 좋아했던 이야기나 삶의 방식을 이해할 수 있게 된다. 고전古典은 무언가 무거운 주제를 담고 있어야 한다는 생각이 오히려 고전을 현대인들과 격리시키는 것이다.

노란색

나의 무덤 앞에는 그 차가운 비碑ㅅ돌을 세우지 말라.

나의 무덤 주위에는 그 노오란 해바라기를 심어 달라.

그리고 해바라기의 긴 줄거리 사이로 끝없는 보리밭을 보여 달라.

노오란 해바라기는 늘 태양같이 태양같이 하던 화려한 나의 사랑이라고 생각하라.

푸른 보리밭 사이로 하늘을 쏘는 노고지리가 있거든 아직도 날아오르는 나의 꿈이라고 생각하라.

'청년 화가 L을 위하여'라는 부제가 붙은 이 시는 함형수 시인이 1936년 문예지 《시인부락》 창간호에 발표한 시이다. 이 시를 읽고 있으면 죽음마저도 초월한 화자의 강렬한 생명력을 느낄 수 있다. 비록 육신은 죽어도 하늘로 날아오르는 노고지리처럼, 정신은 영원히 남아서 우리를 일깨우고 큰 힘을 줄 것 같은 느낌이 든다.

그런데 이 시를 꼼꼼히 들여다보면 약간 이상한 점이 발견된다. 해바라기는 대개 8, 9월 한 여름에 꽃을 피우는데, 그 '노오란' 빛이 봄이나 초여름에 푸른빛을 띠는 보리밭과 공존할 수 없기 때문이다. 그렇지만 시를 읽으면서 그런 부분에 집중해서 시의 내용이 잘못되었다는 평가를 내리지는 않는다. 왜냐하면 시에 등장하는 '노오란 해바라기'나 '푸른 보리밭'은 실제 해바라기나 보리밭의 의미보다는 그것들이 가진 속성에서 비롯된 상징적 의미가 더 강하기 때문이다. 보리는 겨울에 밟을수록 더 튼튼하고 푸른 밭을 이룬다. '푸른 보리밭'은 어려운 상황과 억압을 이겨낸 것이기 때문에 그 말에서 강한 생명력과 저항 정신을 연상하는 것은 매우 자연스럽다. 그런데 해바라기의 경우는 좀 다르다. 해바라기는 항상 해를 향하고 있다는 속성으로 인해 좋게 보면 일편단심을 떠올릴 수 있고, 나쁘게 보면 권력만을 쳐다보는 부정적인 사람을 떠올릴 수도 있다. 그렇지만 이 시에 쓰인 '노오란 해바라기'에서는 부정적인 의미가 전혀 연상되지 않는다. 그것은 바로 명령형의 어조에서 느껴지는 확신과 노란색이 가진 의미 때문이라고 할 수 있다.

노란색은 기본적으로 밝고 따뜻한 느낌을 주는 색이다. 밝고 따뜻하기 때문에 인간적이면서 희망을 의미하는 색이기도 하다. 47억이라는 살인적인 파업 손해 배상 금액이 부과된 쌍용차 해고 노동자들을 돕기 위해 4만 7천 원씩 기부하는 운동이 '노란 봉투 캠페인'인 것은 이 운동이 가진 따뜻한 인간미와 절망을 희망으로 바꾼 힘이 노란색과 어울리기 때문이다. 그리고 지금 우리는 세월호 사고로 숨진 학생들을 위로하기 위해 조의弔意를 표하는 검은 리본이 아니라 노란 리본을 달고 있다. 이 노란 리본은 따뜻하고 인간적인 세상, 희망을 이야기할 수 있는 세상에 대한 굳은 다짐이 될 때 진정으로 의미가 있는 것이 될 것이다.

웃프다

세상이 변함에 따라 말도 새로 생겨나거나 사라지기도 하고 의미가 변하기도 한다. 최근에 생겨난 말 중에 사람들이 많이 쓰면서 공감을 얻고 있는 말 중에 하나가 '웃프다' 라는 말이다. 이 말은 '웃기다' 와 '슬프다' 가 결합한 말로 분명히 슬픈 상황인데 웃음이 나는 상황이나 실컷 웃고 났지만 상황을 생각해 보면 한편으로는 슬픈 느낌이 드는 상황을 표현하는 말이다. '웃기다' 와 '슬프다' 는 것은 모순된 감정이어서 동시에 성립할 수 없는 것처럼 보이지만 실제로 이런 상황은 얼마든지 존재한다. 대학 시절 김대행 교수님은 이런 상황이 바로 한국 문학의 중요한 특징이라고 말씀하시며 '웃음으로 눈물 닦기' 라는 용어를 제안하셨다. 고등학교에서 한국문학의 특징을 '한恨의 정서' 라고 배웠던 입장에서는 조금은 생소했지만 판소리에 대해 배우면서 그 말이 참 적절하다는 생각을 했었다.

　판소리에서 '웃음으로 눈물 닦기' 혹은 '웃픈' 상황을 가장 잘 보여주는 것이 흥보가 매품을 팔기 위해 병영에 간 대목이다. 먹고 살기가 힘들어 남 대신 매를 맞고 돈을 벌려고 하는 것도 슬픈 일이지만 병영에 가 보니 매품을 팔기 위해 모여든 사람들이 가득 했다는 현실은 더욱 슬픈 일이다. 그런데 여기에서 모여든 가난뱅이들이 서로 자기가 매품을 팔겠다고 가난 자랑을 시작한다.

　　흥보 이른 말이,
　　"그리 말고 서로 가난 자랑하여 아무라도 제일 가난한 사람이 팔아 갑세."
　　그 말이 옳다 하고,
　　"내 가난 들어보오. 집이라고 들어가면 사방 어디로도 들어갈 작은 곳이 없어 닫는 벼룩 쪼그려 앉을 데 없고 삼순구식三旬九食 먹어본 내 아들 없소."
　　한 놈 나앉으며,
　　"족히 먹고 살 수는 있겠소. 저분 가난 어떠하오?"
　　"내 가난 들어보오. 내 가난 남과 달라 이 대째 내려오는 광주산 사발 하나 선반에 얹은 지가 팔 년이로되, 여러 날 내려오지 못하고, 아침저녁으로 눈물만 뚝뚝 짓고, 부엌의 노랑쥐가 밥알을 주우려고 다니다가 다리에 가래톳이 서서 종기 터뜨리고 드러누운 지가 석 달 되었소. 좌우 들으신 바 내 신세 어떠하오?"

김딱직이 썩 나앉으며,

"거기는 참으로 장자라 할 수 있소. 내 가난 들어보오. 조그마한 한 칸 초막 발 뻗을 길 전혀 없어, 우리 아내와 나와 둘이 안고 누워 있으면 내 상투는 울 밖으로 우뚝 나가고, 우리 아내 궁둥이는 담 밖으로 알궁둥이 보이니, 동네에서 숨바꼭질하는 아이들이 우리 아내 궁둥이 치는 소리 사월 팔일 관등 다는 소리 같고, 집에 연기 나지 않은 지가 삼 년째 되었소. 좌우 들으신 바 내 신세 어떠하오?"

이놈 아주 거기서 게정을 먹더니라. 흥보 숨숨 생각하니, 자기에게는 어느 시절에 차례가 돌아올 줄 몰라,

"동무님 내 매품이나 잘 팔아 가지고 가오. 나는 돌아가오."

여기에서 보면 집에 벼룩이 쪼그려 앉을 공간조차 없다거나 부엌의 쥐가 밥알 주우려고 돌아다니다가 가래톳이 서서 드러누웠다는 이야기, 누우면 상투가 울 밖으로 나가고 마누라 알궁둥이가 담 밖으로 나간다는 이야기를 들으면 분명히 슬픈 상황임에도 불구하고 그 과장된 표현에 웃음이 난다.

우리 문학 작품들을 보면 분명히 '한'을 이야기하는 것들이 많기는 하다. 이에 대해 끊임없는 외세의 침략과 그로 인

한 불안과 위축의 역사가 하루도 마음이 편할 수 없는 우울의 정서를 만들었다고 평하기도 한다. 부와 권력을 모두 가진 기득권층에 대한 가난한 민중들의 울분이 한이 되고, 남존여비의 체제 속에서 여자들의 억눌린 욕구가 한이 되었다고 말하기도 한다. 모두 맞을 수도 있지만 슬픔을 슬픔으로 이야기함으로써 푸는 것은 우리와 비슷한 역사를 가진 나라들에서 모두 볼 수 있다. 그러나 판소리나 수다스러운 시집살이 노래에서 볼 수 있는 것처럼 슬픔을 웃음으로 이야기하는 것은 우리의 독특한 모습이라고 할 수 있다. 웃음으로 눈물을 닦고 한을 풀 수 있다는 것, 웃프게 이야기할 수 있다는 것은 삶은 고달프지만 그래도 살아볼 가치가 있다는 우리 민족의 긍정적인 정신과 낙천적인 기질에서 비롯된 것이라고 할 수 있다.

소설의 허구성 그리고 변호인

우리나라 고전소설 중에는 《홍길동전》, 《춘향전》, 《심청전》 등과 같이 제목에 '전傳'이라는 제목이 붙는 것이 많다. '전'은 원래 한 인물의 일대기를 서술하면서 그것을 일정한 관점에서 평가하는 한문 양식이다. 그래서 사마천이 쓴 《사기史記》의 〈오자서전〉이나 김부식의 《삼국사기》에 나오는 〈온달전〉과 같이 역사적 인물과 사실을 다루는 것이 일반적이었다. 그러나 후대에 오면서 현실의 문제를 지적하기 위해 가상의 인물을 내세우거나 사물을 의인화한 허구적인 '전'의 형태가 나타났다. 특히 조선 후기에 오면 설화가 전에 들어오면서 허구적 문학 양식인 소설의 틀이 잡히게 되었다.

소설이 유행하는 것에 대해 조선시대 유학자들은 실제 사실이 아닌 이야기로 사람들을 속인다는 이유로 부정적인 반응을 보였다. 김만중은 《서포만필》에서 나관중이 쓴 《삼국지연의》를 평하면서 사람들이 도원결의桃園結義나, 제갈량이 동남풍을 만들었다는 성단제풍星壇祭風 이야기는 모두 과거의 설화들에서 따온 것이지만 사실로 믿고, 유비가 자신의 의도를 꿰뚫고 있는 조조의 말에 놀라 숟가락을 놓쳤다는 선주실비先主失匕와 같은 이야기는 믿지 않게 되었다고 개탄을 했다. 소설이 참과 거짓을 구분하지 못하게 하고, 실제 사실을 왜곡하기 때문에 사람들이 소설을 읽고 쓰는 것이 바람직하지 않다는 견해를 보인 것이다.

그렇지만 김만중은 같은 글에서 소설의 긍정적 측면에 대해서도 이야기를 한다. 아이들에게 《삼국지연의》를 읽어 주면 유비가 패했다는 이야기에 눈물을 흘리고, 승리했다는 이야기에는 자기 일처럼 기뻐했는데, 진수가 쓴 역사서 《삼국지》를 읽어 주면 아무도 그렇지 않다는 것이다. 그렇게 되는 이유는 소설에는 재미와 감동이 있기 때문에 사람들이 몰입하고, 자기 이야기처럼 느끼기 때문이다. 이것이 바로 소설이 가진 허구성과 진실성이다. 소설이 허구라는 말은 완전히 거짓말이라거나 상상의 산물이라는 것을 의미하지는 않는다. 현실의 일을 재료로 하지만 재미와 감동을 위해서 가공을 했다는 것이 허구성에 대한 좀 더 정확한 이해가 될 것이다. 역사서 《삼국지》를 보면서는 과거의 사실을 '알게' 되지만, 소설 《삼국지연의》를 통해서 우리는 진정으로 추구해야 할 가치가 무엇인지, 참된 인생의 의미는 무엇인지를 '느끼고 생각하게' 되는 것이다.

노무현 전 대통령의 생애를 다룬 영화 〈변호인〉이 역대 5위의 흥행 성적을 남기고 막을 내렸다. 어떤 사람들은 영화에 대해 노 전 대통령을 미화했다든가 부분적인 내용이 사실과 부합하지 않는다는 이야기를 한다. 그런 부분은 영화로 만들어지는 순간 당연히 있는 것이다. 그렇지만 많은 사람들이 영화를 보고 가슴이 먹먹한 느낌으로 영화관을 나왔던 것은 허구의 이야기 속에 담긴 '진실성'을 보았기 때문이라고 할 수 있다.

반어

나 보기가 역겨워

가실 때에는

죽어도 아니 눈물 흘리우리다.

이것은 대한민국 국민이라면 누구나 알고 있는 김소월의
시 〈진달래꽃〉의 마지막 연이다. 만약 아주 성능이 좋은 컴퓨
터가 있어서 이 부분의 내용을 시각화해서 출력하라는 명령
을 준다면 아마 컴퓨터는 매우 쉽게 명령을 수행할 것이다.
컴퓨터는 겉으로 드러난 말을 곧이곧대로 해석을 하기 때문
에 아마 이별의 상황에서도 님을 말없이 고이 보내면서 울지
도 않는, 요즘 속된 말로 '멘탈 갑'의 여인을 출력할 것이다.
그렇지만 사람이 떠올리는 여인의 모습은 다르다. 이 여인은
겉으로는 고이 가시라고 이야기를 하며, 울지도 않겠다고 하

지만 님이 떠날 때에는 아마도 펑펑 울면서 떠나는 님의 마음을 매우 무겁게 할 것이다.

이 상황을 컴퓨터가 제대로 해석하지 못하는 이유는 바로 '반어'가 사용되었기 때문이다. 반어는 일반적으로 표현의 효과를 높이기 위하여 의도와 상반된 표현을 하는 것을 가리킨다. 국어 40점을 받아 온 아들에게 엄마가 "잘 했다."라고 한다면 칭찬이 될 수도 있고, 비꼬는 것이 될 수도 있다. 이에 대한 판단은 보통 상황에 대한 분석과 화자의 어조를 통해 알 수 있다. 만약 30점만 맞던 아이가 40점을 맞았고, "어이구, 우리 아들 잘 했네."라고 한다면 칭찬할 만한 상황에서 칭찬으로 보이는 표현을 사용했기 때문에 그것은 칭찬이라고 할 수 있다. 대신 남들은 다들 100점 맞는데 아이만 40점을 맞았고, "자알 했다."와 같이 냉소적인 어조로 말을 했다면 그것은 칭찬이 아니라 비난이라는 것을 쉽게 알 수 있다.

〈진달래꽃〉의 마지막 연이 반어로 읽히는 이유도 마찬가지다. 이 여인이 울지 않을 사람이 아니고, 남자를 그냥 고이 보내줄 사람이 아니라는 것은 자신과 같은 진달래꽃을 '즈려 밟고'(경상도 말로 번역하면 '빼대고' 정도가 된다.) 가라는 부분을 통해 충분히 짐작이 가능하다. 그리고 정상적인 언어 배열이라면 '죽어도 눈물을 안 흘리겠습니다.'가 되는데 이것을 운율에 맞게 읽으면 '안 흘리겠습니다.'가 강조되지만, '아니'를 앞으로 도치시키면 '흘리우리다'가 강조가 된다. 이를 통해서도 자신이 표면적으로 한 말과 의도가 상반된다는 것을 짐작할 수 있다.

지금까지 이야기한 것이 언어적 반어라고 한다면, 기대한 것이나 의도한 것과 반대로 일이 진행되는 경우를 상황적 반어라고 한다. 남자는 근사한 프러포즈를 위해 촛불을 준비했는데, 촛불에 여자가 큰 맘 먹고 산 옷이 타는 것과 같은 것이 상황적 반어가 되는 것이다. 요즘 학교에서는 선행학습 금지법 때문에 가르칠 내용을 정하기가 어렵다. 사교육을 잡겠다는 법 때문에 아이들에게 사교육 시장으로 가라는 이 상황이야말로 진정한 반어라고 할 수 있다.

백마 타고 오는 초인

"까마득한 날에 / 하늘이 처음 열리고 / 어디 닭 우는 소리 들렸으랴"로 시작하는 이육사 시인의 〈광야〉는 우리나라 사람이라면 학교에서 한 번은 배웠던 시이다. 학교에서 일제 강점기의 문학 작품을 공부하다 보면 해석이 늘 고정되어서 다양하게 읽기 어려운 면이 있다. 학생들도 '봄, 해, 그날'과 같은 시어가 나오면 즉각적으로 '조국 광복'이라고 하고, '겨울, 눈보라, 어둠'과 같은 시어들이 나오면 '일제 강점기의 현실'이라고 답을 한다. 문제는 학생들이 일제 강점기의 시가 아닌 시어들에도 이와 같은 도식을 대입한다는 것이다.

온 겨울의 전세계全世界를 돌아다니고

이제 와 위대한 적막寂寞으로서

쌓이는 미래未來의 이 눈빛 앞에

나의 마음을 어둠으로 덮노라.

- 고은, 〈눈길〉 중에서

여기에서 '눈'과 '어둠'은 인간의 눈으로 보는 것이 만들어 내는, 마음을 어지럽히는 분별심을 사라지게 만드는 것이다. 눈으로 덮인 길, 아무 것도 보이지 않는 어둠 속에서 화자는 마음의 안식을 얻고 있음을 이야기하는 것이지만, 시의 공식에 익숙해진 학생들은 '어둠=일제 강점기'로 대입을 일제 강점기가 계속되고 있는 상황을 이야기한다는 해석을 하기도 한다. 일제 강점기와는 전혀 상관이 없는 1960년대에 발표된 시임에도 말이다.

다시 〈광야〉의 이야기로 돌아가 보면 "지금 눈 내리고 / 매화 향기 홀로 아득하니 / 내 여기 가난한 노래의 씨를 뿌려라"라는 구절에서 당연히 학생들은 '눈 내리고'를 일제 강점기로 해석을 한다. 그리고 마지막에 나오는 "다시 천고千古의 뒤에 / 백마白馬 타고 오는 초인超人이 있어 / 이 광야에서 목 놓아 부르게 하리라"에서 '백마 타고 오는 초인'을 '조국 광복'으로 해석을 한다. 이육사 시인이 실제로 무장 독립 투쟁을 했던 지사였기 때문에 그런 점을 감안하면, 그렇게 해석하는 것에 아무 문제가 없고, 실제로 대부분 학교에서 그렇게 배우고 있다. 그런데 그렇게 해석할 경우 금세 '다시 천고 뒤에'가 걸리게 된다. 아주 똑똑한 학생들은 '그럼 천고(천 년 혹은 긴 시간) 뒤에 광복이 오기를 바란다는 것인가?'라는 의문을 가지게 된다. 그리고 '초인이 왜 백마를 타고 오는 거지?' 하는 의문을 가지기도 한다.

시도 나름의 논리를 가지고 있기 때문에 독립운동을 했던 지사가 독립의 시점을 천 년 뒤로 생각한다는 것은 성립하지 않는 것이다. 그러므로 '백마 타고 오는 초인'을 조국의 광복으로 해석하는 것은 확실히 잘못된 것이다. 시의 전체 맥락을 보면 '광야'는 까마득한 태초의 시간부터 먼 미래까지의 우리 땅과 우리 민족의 영원함에 대해서 이야기를 한 것으로 볼수 있다. 그렇다면 눈 내리는 '지금' 이 시를 쓴 일제 강점기로 해석을 한다면 조국의 독립은 '백마 타고 오는 초인'이 가져다주는 것이 아니라 '매화 향기'를 통해서 확인될 수 있다고 할 수 있다. 이 시에서 일제 강점기에서 광복을 염원하는 시로 보지 않아도 되지만 굳이 광복과 연관을 시키자면 그렇다는 것이다.

그렇다면 '백마 타고 오는 초인'은 누굴까? 왜 우리에게 더 익숙한 적토마도 아니고, 천리마도 아닌 백마를 타고 오는 것일까? '백마'는 세계 여러 나라의 신화에서 수호성인이나 구세주를 태우는 말로 나온다는 점을 생각하면 이 땅에 우리 민족만을 구원하는 사람이 아니라 인류를 구원할 사람이 나온다는 것을 의미한다고 볼 수 있다. 불교에서 말하는 여러 부처 중 우리나라 민중들이 가장 좋아하고 희망을 주는 부처는 바로 미래에 올 것으로 예정된 '미륵불' 이다. 백마 타고 오는 초인을 기다릴 수 있다는 것은 늘 가슴 한 곳에 희망을 품고 살 수 있다는 것을 이야기한다. 내가 살아 있는 동안에 그 사람이 오지 않더라도 말이다.

서동요와 괴담

선화공주善化公主니믄	善化公主主隱
니 그즈지 얼어 두고,	他密只嫁良置古
맛둥바을	薯童房乙
바메 몰 안고 가다.	夜矣卯乙抱遣去如

이것은 《삼국유사》에 나오는 향가 중 4구체 향가의 대표적 작품인 〈서동요〉이다. 위의 해석은 학교에서 일반적으로 많이 배우는 양주동 선생의 해석인데, 이 해석의 가장 큰 문제점은 '卯乙'을 두 글자 모두 음을 따온 것으로 보고 '몰래'라는 뜻의 '몰'로 해석한 것이다. 이 해석은 앞의 '薯童房乙'에서는 '乙'이 목적격 조사로 사용되었는데, 다음 행에서는 단순히 'ㄹ'음을 표기하기 위해서 사용한다는 것이 납득하기 어렵다. 그리고 '몰래'라는 뜻이라면 2행의 '他密只'에 사용

된 '密'을 사용하면 되는데 다른 향가에서는 한 번도 안 보이는 '卯乙'이라는 표기를 썼다는 것은 설득력이 매우 떨어지는 것이다. 한편으로는 '마동 서방을 몰래 안고 가다'라는 해석도 일반인의 상식으로는 잘 이해되지 않는 면이 있다. 문맥 그대로만 본다면 '선화공주가 장미란 선수쯤 되는 힘이 센 여자인가?', '밤에 남자를 안고 어디로 가지?' 하는 의문이 제기될 수 있다. 그래서 김완진 선생은 '卯'를 알을 뜻하는 '卵'의 오기誤記로 보고, '薯童房'을 '마동 서방'이 아니라 '마동이의 방'으로 해석하고 '밤에 알을 안고 가다'로 해석한다. 이 해석은 앞에서 제기되었던 문제를 어느 정도 해소할 수 있다는 점에서 양주동 선생의 해석보다는 타당한 면이 있다.

이 향가의 배경 설화는 우리나라 사람이라면 익히 잘 아는 설화 그대로다. 백제의 무왕은 어려서 마[薯서]를 캐서 생활했으므로 마동이라 불렀다. 그는 신라 진평왕의 셋째 공주인 선화가 세상에서 둘도 없이 아름답다는 소문을 듣고 신라의 서울로 갔다. 동네 여러 아이들에게 마를 나눠주면서 바로 자신이 지은 서동요를 부르게 했다. 오늘날로 치자면 인터넷에 찌라시를 유포하는 것과 같은 행위였다. 옛날이나 오늘날이나 마찬가지로 정보가 투명하게 공개되지 않는 사회에서는 권력 기관의 공식적인 발표보다는 떠도는 이야기들이 위력을 더 크게 발휘하는 법이다. 이 노래가 퍼지자 선화공주와 천한 신분의 남자와의 스캔들은 기정사실이 되고, 결국 선화 공주는 유배를 가게 된다. 그 뒤 마동과 선화공주는 맺어지고, 마동이 일하는 곳에 금이 널려 있었고, 지명법사가 신통력으로 금을 진평왕에게 보내고, 진평왕의 도움으로 마동이 왕이 되고, 선화공주의 청으로 미륵사를 창건한다는 이야기가 이어진다.

그렇지만 반전은 지금부터다. 먼저 《삼국사기》에 보면 무왕은 법왕의 아들로 큰 고난 없이 왕위에 올랐다. 그리고 재위 기간 내내 신라와 치열한 전쟁을 벌였다. 결정적으로 진평왕에게는 선덕여왕이 되는 덕만과 김춘추의 어머니가 되는 천명, 두 공주밖에 없었다. 호적에서 파낸 딸이었기 때문에 다른 역사서에 기록이 되지 않았다는 설이 있기도 했지만 전후 상황을 보면 미심쩍은 부분이 있다. 그런데 결정적으로 2009년 미륵사 석탑 보수를 하면서 발견된 금판에는 무왕의 비인 사택적덕의 딸의 발원으로 미륵사를 창건했다는 기록이 있는 것이다. 즉 무왕의 비는 선화공주가 아니라 전라도 지역의 유력한 호족의 딸이었다는 것이다. 한마디로 〈서동요〉에 담긴 내용이 괴담이 아니라, 마동이에 대한 이야기 자체가 일종의 괴담인 것이다. 아마 백제가 멸망한 지 얼마 되지 않은 시기에 백제와의 통합을 위해 지어낸 이야기일 수 있는데, 누가 이야기를 만드냐에 따라 때로는 괴담이 역사가 되기도 한다.

서산에 해 진다 하니

삼동三冬에 베옷 입고 암혈巖穴에 눈비 맞아

구름 낀 볕뉘도 쬔 적이 없건마는

서산에 해 진다 하니 눈물겨워 하노라.

이 작품은 퇴계 이황 선생과 동시대에 살면서 학문적으로
쌍벽을 이루었던 남명 조식(1501~1572) 선생이 쓴 시조이다.
이 작품을 있는 그대로 읽으면 한겨울인 삼동에도 얇은 베옷
을 입고, (집도 없이) 바위 구멍에서 눈비 맞으며 살면서 구름
을 통과해서 오는 (간접적인) 햇볕도 쬔 적도 없지만, 해가 진
다고 하니까 눈물겹다는 내용이다. 그냥 읽으면 도통 무슨 뜻
인지 모르겠지만 '해'를 '임금'으로 대입을 해서 보면 해석
의 실마리가 풀린다. 초장에서 이야기하는 삼동에 베옷 입고,
암혈에 눈비 맞는다는 것은 실제로 화자가 노숙자처럼 살았

다는 것이 아니라, 벼슬을 하지 않고 초야에 묻혀 사는 것에 대한 일종의 수사적 표현이다. (실제로 남명 선생의 집안은 매우 부유한 편이었다.) 그러니까 한마디로 벼슬도 하지 않았고, 벼슬을 하지 않았기 때문에 임금으로부터 은혜를 입은 일도 없지만, 임금이 죽었다고 하니까 눈물겹다는 것이다.

이 시조를 가르칠 때 학생들에게 도대체 어떤 임금이기에 아무런 은혜를 입지 못하고 초야에 묻혀 사는 선비가 눈물겨워할까를 물으면 학생들은 대부분 세종대왕이라고 대답을 한다. 역사에 조금 관심이 있는 학생들은 성종이나 정조와 같이 역사적으로 높이 평가받는 임금을 이야기하기도 한다. 하지만 정답은 바로 연산군을 몰아낸 반정 세력들에 의해 추대된 조선 제 11대 왕 중종이다. 중종 시대라고 하면 드라마 〈여인천하〉에 나왔던 것처럼 윤원형, 정난정과 같은 무리들이 국정을 농단하고, 문정왕후와 경빈 박씨가 권력 암투를 벌이며 '주초위왕 사건', '작서의 변' 등으로 어지러웠던 시절로 기억이 된다. 드라마에서 보이는 중종은 귀가 얇아 간신들의 말에 쉽게 혹하고, 분노조절장애에 가까운 행동을 보여주거나, 드라마 〈대장금〉에서처럼 "맛있구나."라는 말밖에 못하는 미식가의 모습으로 나온다.

그렇지만 중종은 조광조와 같은 신진 사림들을 대거 등용하여 연산군 시대에 무너진 국가 기강을 바로 잡기 위해 노력한 개혁 군주였었다. 재야에 묻혀 있던 선비들이나 백성들로부터 열렬한 지지를 얻은 것은 바로 그 때문이었다. 그러나 중종은 개혁의 걸림돌이었던 훈구파의 도움으로 왕이 되었기 때문에 얼마 가지 않아 개혁은 한계에 부딪히게 되었다. 그리고 입바른 소리만을 하며 개혁을 압박하는 신진 사림들에게 염증을 느낀 중종은 점점 간신배들의 소리에 귀를 기울이게 되고, 기묘사화를 통해 사림을 숙청하게 된다. 개혁의 동력이 떨어진 중종 집권 후반기는 끊임없는 권력 다툼과 삼포왜란, 여진족의 침입 등으로 내우외환을 겪으면서 점점 나라가 쇠퇴해 가게 된다.

남명 선생도 중종 초에는 벼슬을 하고자 하는 마음이 있었지만, 혼탁해져 가는 중앙 정치를 보면서 벼슬을 포기하고 학문을 닦는 데 전념을 하게 된다. 중앙 정계에서 떨어져서 그 모든 과정과 중종의 죽음을 지켜 본 선비의 마음은 어떠했을까? 아마 만감이 교차한다는 표현이 더 적절할 것이다. 그래서 시조의 종장에 있는 '눈물겨워 하노라'는 단순히 어진 임금이 돌아가신 것에 대한 그리움이라기보다는 만감이 교차하는 것이라고 볼 수 있다.

우리는 또 한 분의 대통령을 역사 속으로 보냈다. '군정 종식'을 외치며 독재와 싸웠으며 수많은 인재들을 등용하여 개혁을 추진한 사람, 그렇지만 독재와 싸우는 동안 독재와 닮아

간, 그래서 결국 IMF로 기억되는 대통령을 보내는 우리의 마음도 중종을 보내는 남명 선생의 마음과 비슷할 것이다.

시와 노래

얼마 전 '민트고래'라는 카페에서 하는 공연을 보러 갔다. 공연 제목이 '청춘파티'라 우리 같은 40대가 어울릴 만한 자리는 아니었지만 올해 전국연합학력평가 출제와 EBS 교재 제작을 함께 했던 경덕여고의 전윤정 선생님이 보컬로 있는 밴드가 출연을 한다고 해서 같이 일했던 선생님들과 응원 겸, 문화 체험 겸해서 간 것이다. 민트고래에서의 공연은 대구에서도 이런 곳이 있었나 하는 느낌이 드는, 객석과 무대의 경계가 없이 출연한 가수들과 관객들이 어우러지는 잔치였다.(무대를 보는 재미도 있었지만, 관객들이 노는 모습을 뒤에서 지켜보는 재미도 있었다.) 그 공연을 보면서 새삼 느꼈던 것은 세상에는 노래를 잘 하는 사람이 참 많고, 또 그들이 부르는 노래가 남녀와 세대를 아우를 수 있는 힘을 가지고 있다는 것이었다. 그날 출연진 중 유니커즈라는 팀은 전국 무대에서도 빠지지 않을 실력을 갖추고 있었는데, 몇 곡의 노래를 부르는 동안 때로는 신나게, 때로는 가슴이 짠하게 만들었다.

이런 노래의 힘은 우리 선인들도 익히 잘 알고 있었다. 노래에 대한 선인들의 생각은 다음 시조에서도 잘 드러난다.

노래 삼긴 사람 시름도 하도할샤

닐러 다 못닐러 불러나 푸돗던가

진실로 풀릴 것이면 나도 불러 보리라.

이 시조는 조선 중기의 문인인 상촌 신흠(1566년~1628년)의 작품이다. 신흠은 어려서 부모를 여의었지만 학문에 전념하여 벼슬을 하기 전부터 선비들 사이에서 문명文名이 자자했다. 그가 쓴 시나 산문들은 지금 사람들이 읽어도 명문장이라고 감탄할 정도로 간결하면서도 내용의 깊이가 있고, 표현이 상황에 아주 적확的確하다. 그런 그였지만 율곡 이이를 비난하는 상소문에 동의하지 않았다고 해서 동인들의 배척을 받아 능력에 맞지 않는 말직에 머물러야만 했다. 말직에 있었지만 주머니 속의 송곳이 언젠가는 드러나듯 능력을 인정받기 시작했고, 나중에는 선조의 부마가 되었다. 그렇지만 처남인 광해군이 즉위한 뒤 동생인 영창대군을 죽이고, 계모인 인목대비를 폐위시키는 가족 간의 비극을 보았고, 또 그들을 지키

려다 유배를 당하는 신세가 되었으니 가슴에 울분, 원망, 죄책감과 같은 감정들이 쌓일 만도 했다. 말로는 그 감정을 다 표현하지 못해 노래로 풀어본다는 것인데, 사실 '풀린다는 것'은 모든 문제가 해결되는 것을 의미하는 것은 아니다. 노래를 부른다고 해서 정치 현실이 바뀔 리도 없고, 세상이 갑자기 좋아질 리도 없다. 단지 노래를 부르면서 답답한 마음을 잠시 잊고 위안을 받을 뿐이다. 이렇게라도 맺힌 감정을 풀지 않으면 사람의 마음은 병이 들게 된다.

《서경書經》에 보면 '시언지가영언詩言志歌永言'이라는 말이 나온다. 시라는 것은 솔직한 마음을 말한 것이고, 노래라는 것은 말을 길게 뽑는 것이라는 뜻이다. 사람들은 체면 때문에, 혹은 다른 사람들을 의식해서 자신의 본심을 솔직하게 드러내지 못하고, 숨기거나 꾸며서 말을 하는데, 그런 말에는 감동이 없다. 시는 솔직한 마음과 절실함이 말로 나와 그 감정이 통하는 것이다. 그런 시를 길게 뽑으면 또 그에 맞는 곡조와 리듬이 생겨서 노래가 되는 것이다. 그래서 시와 노래는 태어날 때부터 가질 것 다 가지고 불편함이 없는 사람들의 것이 아니라, 김광석이 〈나의 노래〉라는 노래에서 이야기했던 것처럼 세상에 할 말이 많은 못난 우리네 이웃들의 '애달픈 양식'이 되는 것이다.

천지 삐까리

10년도 훨씬 전에 대구의 한 라디오 프로그램에서 아주 재미있는 문제가 나온 적이 있다. "다음 중 가장 많은 것은 무엇일까요? 1번 억수로 많다, 2번 쌔빌렀다, 3번 천지 삐까리다." 마침 그 방송을 서울 친구와 같이 듣고 있었는데 그 친구는 1번이 답이 아니냐고 했다. 덧붙여 '2, 3번이 많다는 뜻이냐?'고 되물었다. 한 청취자가 전화 연결이 되어서 자신 있게 3번을 말하자 진행자는 실로폰으로 딩동댕을 쳤다. 경상도 사람들에게는 그 상황이 전혀 어색하지 않았지만, 서울 친구는 그 방송을 들으며 어떻게 해서 3번이 답이 되는 것인지 궁금해서인지 설명을 해 달라고 했다. 그런데 서울 사람에게 경상도 말의 느낌을 설명하는 것이 쉬운 것은 아니다. 쌔빌렀다는 건 쌔빌렀는 거지, 표준어에 없는 그 느낌을 어떻게 제대로 설명할 수 있나. 그렇지만 최대한 번역을 해서 친구에게 설명을

164

해 주었다.

"'억수로 많다'는 '천, 만, 억'과 같은 숫자를 이용해서 많음을 나타내는 것이라고 보면 돼. 왜 과장해서 말할 때 '천리만리', '억만금'이라는 표현을 쓰잖아.

'쌔빌렀다'는 여기저기 흔하게 널려 있는 모양을 뜻하는데, 많다는 것을 좀 더 시각화 한 것이라고 볼 수 있지. 굳이 애를 쓰지 않아도 눈에 띌 만큼 흔하고 많다는 뜻이니까, 그냥 많다고 이야기하는 것보다 더 많을 때 사용을 하지. 기본형이 뭐냐구? '쌔비르다'에 과거형 선어말 어미 '-었-'이 결합해서 된 말이 아니냐구? 무슨 그런 거창한 문법을.

'천지 삐까리'에서 '천지'는 하늘과 땅을 뜻하는 천지天地라는 건 금방 알겠지? 서울 사람들도 그러잖아. '온통 쓰레기 천지다.'처럼 주로 조사 '이다'를 붙여서 아주 많은 양을 나타낼 때 사용하지. 그런데 경상도 사람들은 '천지'를 '세상 모르고 천지 날뛴다.'처럼 부사로 하기도 해. 그리고 '삐까리'는 표준어로 치면 '낟가리'나 '더미' 정도가 되겠지. 어릴 때 생각해 보면 벼를 베서 낟가리 해 놓은 것을 그냥 '삐까리'라고 하고, 짚을 쌓아 놓은 더미를 '짚삐까리', 장작을 쌓아 놓은 더미를 '장작삐까리'라고 했으니까. 그러니까 '천지 삐까리'라는 건 온통 무더기로 널려 있다는 것이니까 '쌔빌렀다'보다 느낌상으로 더 많은 것 같은 거야."

우리가 삶 속에서 실제로 쓰는 말들은 모두 사투리이기 때문에 사투리만이 가지고 있는 정감의 깊이가 있는 법이다. 아래 시가 바로 그런 시이다.

어머니는 그륵이라 쓰고 읽으신다
그륵이 아니라 그릇이 바른 말이지만
어머니에게 그릇은 그륵이다
물을 담아 오신 어머니의 그륵을 앞에 두고
그륵, 그륵 중얼거려보면
그륵에 담긴 물이 편안한 수평을 찾고
어머니의 그륵에 담겨졌던 모든 것들이
사람의 체온처럼 따뜻했다는 것을 깨닫는다
나는 학교에서 그릇이라 배웠지만
어머니는 인생을 통해 그륵이라 배웠다

- 정일근, 〈어머니의 그륵〉 중에서

이 시를 읽다 보면 '그릇'이라는 표준어를 사용하는 사람들은 느낄 수가 없는 정감이 느껴진다. 그렇지만 이젠 '그륵'이라고 부를 수 있는 투박한 느낌의 용기도 사라지고, '삐까리'도 점차 사라져 가고 있어서 그 정감을 전달하기 어려운 것이 아쉬울 따름이다.

체념과 달관

    2016 대수능 9월 모의고사에 출제된 정훈의 가사 〈탄궁가
嘆窮歌〉는 가난하게 살았던 우리 선조들의 구체적인 삶의 모
습과 함께 그 속에서도 여유를 잃지 않는 정신세계를 보여주
는 재미있는 작품이다.

    작품을 읽어 보면 가난한 살림에 봄이 되어 씨앗을 뿌리려
고 보니 볍씨 한 말은 반이나 쥐가 먹었고, 기장. 피, 조, 팥은
겨우 서너 되 남아서 춥고 배고픈 식구들이 먹고 살기에는 한
참이나 부족하다. 그래도 어떻게든 살아보겠다고 자기는 멀
건 국물을 먹으면서, 종들에게는 건더기를 먹여 가며 힘써 일
해보자고 하니 종들은 무시하고 콧방귀를 뀐다. 상황이 이러
다 보니 지난해 꾼 환곡을 갚을 길도 막막한데다 세금으로 낼
공물을 마련할 길도 없다. 기제사는 다가오는데 제사 음식도
없고, 원근 친척들을 대접할 수도 없는 형편이다. 이러한 상

황에서 화자는 지긋지긋한 가난 귀신에게 탄식을 한다.

> 좋은 날 좋은 때에 사방으로 가라하니
>
> 떠들고 화를 내며 원망하며 하는 말이
>
> 어릴 때부터 지금까지 희로애락을 함께 하여
>
> 죽거나 살거나 이별할 줄이 없었거늘
>
> 어디 가서 누구 말 듣고 가라고 말하는가?
>
> 우는 듯 꾸짖는 듯 여러 가지로 꾸짖거늘
>
> 도리어 생각하니 네 말도 다 옳도다.
>
> 무정한 세상은 다 나를 버렸는데
>
> 너 혼자 믿음이 있어 나를 아니 버렸거든
>
> 일부러 의절하고 잔꾀로 이별하겠느냐?
>
> 하늘이 만들어준 이 내 가난 설마한들 어찌하리?
>
> 가난도 내 분수니 서러워하여 무엇하리.

여기에서 보면 그렇게 가난을 벗어나기 위해 아등바등했던 화자가 가난을 자신의 운명으로 받아들이면서 여유를 가지는 모습을 볼 수가 있다. 우리 고전에서는 이런 모습을 흔히 볼 수 있는데, 이를 국문학자들은 '체념과 달관'이라는 말로 설명을 한다.

체념한다는 것은 사전적으로 보면 '희망을 버리고 아주 단념하는 것'이다. 사람이 희망을 버린다는 것은 언뜻 생각하면 매우 부정적인 것이라고 할 수 있다. 왜냐하면 희망이 없는 삶이라는 것은 삶의 목적이 없는, 죽은 것과 같은 삶이기 때문이다. 그렇지만 곰곰이 생각해 보면 우리가 희망이라고 생각하는 것들의 상당수는 집착하는 마음에서 생긴 것임을 알 수 있다. 집착이라는 것은 어떤 것에 늘 마음이 쏠려 잊지 못하고 매달리는 것으로, 우리의 시야를 좁게 만든다. 이를테면 직장에서 승진하는 것을 희망으로 생각하는 사람은 승진하는 것에만 매달리느라 주위 사람들이 자신에 대해서 어떻게 생각하는지도 모르게 된다. 승진이 되지 않으면 희망이 없는 것처럼 생각하게 된다. 승진하는 것 말고도 세상에는 훨씬 더 좋은 것들이 있음에도 말이다. 그래서 헛된 희망을 체념하는 것은 사소한 일에 얽매이지 않고 세속을 벗어난 차원 높은 인생관을 의미하는 '달관'과 연결될 수 있는 것이다.

요즘 진학 상담을 하다보면 아이가 기대만큼 성적이 나오지 않아 부부싸움까지 하게 된다는 이야기를 많이 듣는다. 그럴 땐 대책 없이 자식만 많이 낳고서도 '다 자기 밥그릇은 가지고 태어나는 거야.'라고 하시던 우리 부모님 세대의 체념을 생각해 보는 것도 필요하다.

홍길동전의 교훈

《홍길동전》의 작자가 허균이라는 것은 우리나라 사람이라면 누구나 상식으로 알고 있는 것이다. 그러나 허균은 자기 스스로 홍길동전을 지었다는 이야기를 한 번도 한 적이 없으며, 홍길동전의 표지에도 허균이 작가라는 말이 없다. 허균이 처형될 때 죄목에 홍길동전과 같은 불온한 소설을 지었다는 것에 대한 내용도 없다. 그럼에도 불구하고 허균이 홍길동전을 지었다는 근거는 택당 이식 선생의 문집인《택당집》에 있는 "洪吉童傳 許筠之所作也"라는 구절 때문이다. 당대 최고의 석학이었던 택당 선생이 근거 없는 소리를 했을 리가 없으며, 서자 출신들과 어울렸던 허균의 행적으로 볼 때 충분히 가능하다는 것이다. 그리고 그가 쓴 〈유재론遺才論〉을 통해 볼 때, 허균이 아니라면 그런 글을 쓸 수 있는 사람이 없다는 것이다.

홍길동전의 배경 사상이 되는 것으로 이야기되는 '유재론' 의 내용은 이렇다. 나라를 다스리는 근본은 인재를 적재적소 에 등용하는 것인데, 하늘이 인재를 낼 때는 신분의 귀천이나 지역에 상관없이 골고루 낸다. 우리나라는 중국보다 나라가 좁고 인구가 적어서 인재가 드물게 나지만, 신분이 미천하다 고 제외하고, 어머니가 재혼했다는 이유로 제외하고, 서자라 고 제외하다 보니 정작 쓸 인재가 없다. 혹여 빠진 인재들이 없는지 걱정해도 시원찮을 판에 위정자들은 인재를 찾는 길 을 막고서 "인재가 없다."고 탄식만을 한다. 만약 중국이 우 리처럼 인재를 등용했다면 대륙을 경영했던 명재상, 명장수 들은 없었을 것이다. 한마디로 그 당시 조선의 인재 등용은 하늘의 순리를 어기는 것이었다.

서자라고 아버지를 아버지라고 부르지도 못하고, 세상에 제대로 자신의 능력을 펼치지도 못하는 홍길동의 울분은 유 재론에서 이야기한 내용과 일맥상통하는 면이 있다. 나라에 등용되어 일을 할 기회가 원천적으로 박탈된 홍길동은 활빈 당이라는 무리를 만들어 나라를 어지럽게 함으로써 자신의 존재감을 드러낸다. 임금은 홍길동을 힘으로 제압할 수 없음 을 알고 마지못해 병조판서를 하고 싶다는 홍길동의 소원을 들어준다. 여기에서 눈여겨 볼 대목은 홍길동은 병조판서 자 리에 오르자마자 사직을 하고, 자신의 무리들을 이끌고 평화로운 나라였던 율도국을 침공해서 왕이 된다는 것이다. 사실 홍길동이 조선에서 관료로 있어봐야 특권 의식을 가진 다른 신하들이 끊임없이 출신 성분을 문제 삼아 탄핵하려고 할 것이며, 자신의 뜻을 굽히고 유력한 파벌에 속하지 않는 이상 자리를 보전하기도 힘들었을 것이다.

출신에 상관없이 널리 인재를 등용하려는 노력을 하지 않고, 인재를 등용했다 하더라도 제대로 된 능력을 펼 수 있는 환경을 만들어주지 못하는 것은 후대의 《허생전》에서도 지적하는 것이다. 그것은 공직 후보자 한 명도 제대로 발탁하지 못하고, 키우지 못하는 오늘날에 더 깊이 생각해 보아야 할 문제이다.

흥부 부부상

초등학교 4학년이 되던 해 나는 하루에 버스가 세 번 들어오는 고향 마을을 떠나 대구라는 낯선 도시에서 누나들과 자취를 하게 되었다. 하루도 싸우는 소리가 그치지 않던 남산 3동 달동네에 살던 시절 우리는 연탄가스를 한 번 마실 때마다 이사를 했었다. 새로 이사 가는 집은 늘 남산 3동 어디쯤이었고, 이삿짐이래야 리어카 몇 번 왔다 갔다 하면 될 정도여서 이웃들이 보따리 몇 개씩 같이 날라주면 끝나는 그런 이사였다. 연탄 한 장이 보일러였고, 전기밥솥이었으며, 가스레인지였었던 그 시절, 달성공원에 가서 거인 구경하는 것이 제일 큰 나들이였었고, 중국집에서 짜장면을 사 먹는 것이 가장 큰 사치였었던 그 시절을 생각하면 지금도 가슴이 아린다. 가난을 극복하고 재벌이 된 사람이나 정치인들에게 가난했다는 것은 추억이자 자랑거리가 될 수 있겠지만, 보통 사람들에게 가난은 사람을 비굴하게 혹은 악착같게 만드는 것이었고, 뒤돌아보면 아픔이 먼저 느껴지는 그런 것이다.

그렇지만 그 시절의 기억이 부끄럽거나 한없이 아프기만 한 것은 아니다. 그때 연탄불 앞에서 까무룩 졸다가 태운 밥을 같이 먹으며 서로 위로해 주던 누나들과 이삿짐을 날라주던 이웃들의 소박한 마음들을 생각하면 아리던 가슴이 다시 따뜻해지기도 한다.

> 흥부 부부夫婦가 박덩이를 사이하고
> 가르기 전前에 건넨 웃음살을 헤아려 보라.
> 금金이 문제리,
> 황금黃金 벼이삭이 문제리,
> 웃음의 물살이 반짝이며 정갈하던
> 그것이 확실히 문제다.
>
> 없는 떡방아소리도
> 있는 듯이 들어내고
> 손발 닳은 처지處地끼리
> 같이 웃어 비추던 거울면面들아.
>   (후략)

- 박재삼, 〈흥부 부부상〉 중에서

시인 박재삼은 앞에서 말했던 미묘한 가난의 풍경을 우리 고전 '흥부전'에서 흥부 부부가 박을 타는 장면에서 끄집어 내고 있다. 사람들은 박에서 금은보화가 나와서 흥부가 부자가 되었다는 것을 먼저 생각한다. 그러나 시인은 그것보다 더 중요한 것은 가난 속에서도 '없는 떡방아소리도 있는 듯이 들어내'는 낙천성을 잃지 않고 '손발 닳은 처지끼리' 서로를 위해주던 그 마음이 더 큰 보물이었고, 소중한 것이었다는 것을 이야기해 준다. 물질적인 부$_富$는 있다가도 없어지기도 한다. 그렇지만 흥부 부부가 가졌던 그 마음들을 생각해보면 우리는 물질적인 부가 없어도 행복해질 수 있다는 것을 시인은 우리에게 이야기해 준다.

타당한 해석, 기발한 해석

　수능 시험에 자신의 시가 나온 시인들이 많이 하는 이야기는 자신의 시인데도 문제를 풀기가 어려웠다는 것이다. 어떤 사람들은 이런 일을 근거로 시험 문제가 잘못된 것이 아닌가 하는 생각을 가질 수 있다. 그렇지만 그 생각은 문학 작품에 대한 생각 중 가장 잘못된 생각 중 하나이다. 문학 작품을 해석하는 것이 애초에 작가가 의도한 것을 찾는 것이라면 문학 작품을 읽고, 해석하려고 노력할 필요 없이 작가의 말을 읽으면 그만이다. 문학 작품을 읽는다는 것이 작가의 생각을 따라가야 하는 것이라면 문학은 시험을 통해 해석과 감상 능력을 측정할 필요가 없는 것이다.

　문학 작품은 독자들에게 전달되는 순간부터 더 이상 작가의 것이 아니다. 작품에 대한 해석과 감상, 그를 통한 의미 부여는 오로지 독자들의 몫이 된다. 독자들이 문학 작품을 읽고 해석하는 방법에는 크게 두 가지로 볼 수 있는데, 하나는 타당한 해석을 찾아가는 방법이고, 또 다른 하나는 자신만의 기발한 해석을 찾아가는 방법이라고 할 수 있다. 타당한 해석이라는 것은 수능과 같은 시험에서 이루어지는 해석으로 작품을 읽으며 작품 안에 있는 말들의 관계와 외부 자료를 수집하여 가장 그럴듯한 해석을 하는 것이다. 자신만의 기발한 해석은 작품에 나와 있는 상황이나 어느 한 부분을 전적으로 자신의 삶과 경험과 연결시켜 해석하는 것으로 시험 상황에서는 인정되지 않지만, 문학 작품을 읽는 재미와 의미는 더 큰 방법이라고 할 수 있다. 다음은 유치환 시인의 〈깃발〉이라는 아주 유명한 시인데, 이 시를 통해서 해석하는 방법을 생각해 보자.

이것은 소리없는 아우성

저 푸른 해원海原을 향하여 흔드는

영원한 노스탈쟈의 손수건

순정은 물결같이 바람에 나부끼고

오로지 맑고 곧은 이념의 푯대 끝에

애수는 백로처럼 날개를 펴다

아아 누구던가

이렇게 슬프고도 애달픈 마음을

여기에서 깃발은 푸른 해원을 향해 가고 싶어 하지만, 깃대에 매여 있는 상황이기 때문에 결국 좌절하고 마는 '애달픈 마음'을 표현하는 것이라고 볼 수 있다. 좀 더 나아가면 이상을 추구하지만 현실 때문에 좌절할 수밖에 없는, '낭만적 아이러니'라고 부르는 인간 존재의 근원적 특성을 이야기하는 것까지 연결할 수도 있다. 반면 어떤 사람들은 누군가를 열렬히 사랑했지만 현실적인 상황이 받쳐주지 않아 좌절하고 만 자신의 경험을 이 시와 연결시키기도 한다. 이상을 추구하는 나를 붙잡는 것이 '오로지 맑고 곧은 이념의 푯대'라는 점을 생각해 보면 유부남의 사랑이라고 해석할 수도 있다. 이처럼 독자들은 타당한 해석과 자신만의 기발한 해석 사이를 오가며 작품을 즐긴다.

얼마 전 가수 아이유의 〈제제〉라는 노래의 가사가 논란이 되었었다. 《나의 라임오렌지 나무》 원작의 의미를 훼손한 것이 아니냐는 출판사의 문제제기로부터 시작해서 여러 논객들의 설전이 있었다. 문학 작품은 독자의 삶과 연결되고, 끊임없이 재해석됨으로써 생명력을 갖는다는 점을 생각해 보면 아이유의 제제에 대한 해석은 나름 개인적인 경험에서 오는 기발함이 있다. 그 해석이 타당한 것인가에 대해서는 논쟁할

수 있는 부분이지만, 원작의 의미 훼손이라는 것으로 논쟁을
하는 것은 문학에 대한 경직된 자세를 단적으로 보여주는 것
이다.

타인의 방

　최인호는 〈별들의 고향〉, 〈바보들의 행진〉, 〈영자의 전성시대〉와 같은 대중 영화들의 시나리오 작가였기 때문에, 탁월한 문학적 성취에도 불구하고 학계에서 제대로 평가를 받지 못하고 있다. 그의 소설 작품들은 영화에서 보이는 것과 같은 풍부한 이야기들도 있지만 독특한 표현 방식을 가지고 있는데, 그 경향을 가장 잘 보여주는 작품이 바로 초기 작품인 〈타인의 방〉이다.

　출장을 갔다가 밤늦게 귀가한 '그'는 초인종을 눌러도 대답이 없자 문을 두드린다. 그러자 이웃집 사내가 나와서 누구냐고 묻는다. 두 사람은 서로에게 3년을 이 아파트에 살았지만 본 적이 없다고 이야기를 한다. 열쇠로 문을 열고 집에 들어간 '그'는 아내가 친정으로 간다는 거짓 메모를 써 놓고 나갔다는 걸 알자 분노와 고독을 느끼며 집안 구석구석을 돌아다닌다. 일부러 노래도 불러보고 "역시 집이란 즐겁고 아늑한 곳이군."이라고 말해 보지만 그것은 타인의 소리처럼 느껴진다. 그런 '그'에게 집안의 물건들이 말을 걸어온다. '그'는 그것을 환각이라고 생각을 하고 무방비로 있을 때 집안의 물건들이 그에게 달려들고, 저항하던 그는 점차 몸이 굳어져 사물이 되어간다. 그가 있는 방에서는 사물들이 방의 주인이 되고, 그는 사물로 전락을 하는 극단적인 역전 현상이 나타나는 것이다. 이러한 주체와 객체의 역전 현상은 '오브제화'(인간이 사물인 오브제가 되는 것)라고 하여 인간이 인간으로서 대접받지 못하고, 인간성을 상실하고 있는 현대 사회의 모습을 표현하는 데 많이 사용되는 표현법이다.

다음다음날 아내가 방에 들어온다. 흐트러진 방을 보고 놀라지만 이내 안정을 찾는다. 그리곤 뭔가를 발견한다.

그러나 그녀는 곧 잃어버린 것이 없는 대신 새로운 물건이 하나 놓여 있는 것을 발견했다.

그 물건은 그녀가 매우 좋아했던 것이었으므로 며칠 동안은 먼지도 털고 좀 뭣하긴 하지만 키스도 하긴 했었다. 하지만 나중엔 별 소용이 닿지 않는 물건임을 알아차렸고 싫증이 났으므로 그 물건을 다락 잡동사니 속에 처넣어 버렸다. 그리고 그녀는 다시 그 방을 떠나기로 작정을 했다.

이전에 우리는 한 동네에서 누구네 집 숟가락이 몇 개인지까지 알던 공동체사회 속에서 살았었다. 급격한 도시화와 함께 아파트라는 주거 형태로의 변환은 공동체사회의 해체를 의미한다. 단절된 인간관계 속에서 인간은 고독해질 수밖에 없고, 고독을 이해하지 못한 인간은 사물과 다를 바가 없어지는 것이다.(부부간의 관계도 위에서 보듯 싫증나면 버리는 사물처럼 된다.) 급격한 산업화가 가져온 윤리적 혼란을 독특한 방식으로 문제제기를 하고 있기 때문에 이 작품은 '마술적 사실주의'이라는 모순적인 용어를 사용하여 평하기도 한다.

전우치

2016 대수능 6월 수능 모의고사에 출제된 〈전우치전〉은 영화로도 만들어진 적이 있기 때문에 사람들에게는 이름은 매우 익숙한 작품이다. 고전소설 가운데 가장 가벼운 성격의 주인공이 등장하는 이 작품의 내용에 대해서는 자세히 모르는 경우가 많다. 우리나라 사람들이 이름은 많이 들어 보았지만 그 내용에 대해서 자세히는 모르고 있는 〈전우치전〉에 대한 이야기를 해 볼까 한다.

먼저 소설의 주인공 전우치는 16세기 중종과 명종 때 주로 활동했던 실존 인물이다. 그의 행적에 대해서는 유몽인의 《어우야담》이나 이기의 《송와잡설》, 이덕무의 《청장관전서》와 같은 책에 기록이 되어 있는데, 여기에 나오는 전우치가 천도를 따 왔다는 이야기나, 주문을 외워 병을 물리쳤다는 이야기, 술 취한 여우를 잡아 그로부터 도술을 얻게 되었다는 이야기는 소설의 삽화로 들어가 있다. 그 외 이수광의《지봉유설》이나 이익의《성호사설》, 허균의《성소부부고》등의 책들에도 그에 대해 기록들이 소개되어 있다. 기록들을 보면 전우치가 도술과 의술에 능하고, 귀신을 잘 부리는 도교 사상과 관련된 인물이라는 점은 공통점이 있다. 그의 출생지에 대해서 대부분의 기록은 송도 혹은 해서 지방 출신이라고 하지만《청장관전서》에는 담양 사람이라고 한다.(본관이 담양이라고 해석하기도 한다.) 그는 서울에서 미관말직에 있다가 사직하고 송도에 은거하면서 도술가로 유명해졌지만 백성을 현혹시킨다는 죄로 옥사하게 된다.《지봉유설》에는 그가 몰락한 양반〔낙중천유洛中賤儒〕 출신이라고 했지만, 소설에서는 그의 출신을 언급하지 않은 판본과 몰락한 양반 출신이라는 판본, 관노의 아들이라는 판본이 다양하게 존재한다. 출신이 어찌됐건 그는 유학을 숭상하던 조선시대 양반 주류 계급은 아니었다는 것을 알 수 있다.

이런 그의 행적에 이야기를 전달하는 사람들의 과장이 덧붙여지면서 소설 전우치전이 만들어지게 된다. 여항에 떠돌던 신비한 이야기나 다른 이적異蹟을 보인 사람들의 이야기들까지도 소설 전우치전으로 들어오면서 전우치전은 보통의 영웅소설들과는 다른 모습을 보인다. 다른 보통의 영웅소설들은 주인공이 어려서 고난을 겪지만 가문의 재건이나 입신양

명과 같은 목표를 향해서 달려간다. 그래서 주인공이 욕망하는 모든 것을 성취하면 소설은 비로소 끝이 난다. 그렇지만 전우치전은 여러 개의 삽화가 나열되어 있어서 얼마든지 새로운 이야기들이 더 들어올 수 있는 구조로 되어 있다. 그래서 핵심 인물을 제외하고 매회 다른 인물이 등장하며, 새로운 사건이 일어나는 피카레스크식 구성이 될 수밖에 없다.(전우치전을 영상화한다면 영화보다는 20회 정도의 미니시리즈가 적절하다.)

주인공이 주류 계급이 아니었다는 점과 주인공에게 성취해야 할 뚜렷한 목표가 없다는 것은 작품의 성격과 주제를 결정하는 중요한 요소이다. 전우치는 흉년에 백성들이 굶주리는 것을 보고 하늘에서 온 선관인 것처럼 왕을 속여 황금 들보를 만들게 하고, 여러 번 왕을 골탕 먹인다. 하급 관리로 들어가서 가달산의 도적 엄준을 토벌하기도 하지만, 이때도 하급 관리이면서 출정하는 모습은 왕처럼 한다. 이런 점에서 볼 수 있듯이 그에게 애초에 충忠이라는 유교적 윤리는 없다. 그리고 가는 곳마다 억울하거나 경제적으로 어려운 사람이 있으면 도와주는 정의의 사도처럼 보이기도 하지만 친구의 상사병을 해결하기 위해 과부의 정절을 훼손하려고 하다가 강림도령으로부터 벌을 받기도 하는 등 정의를 위한다고 보기는 어렵기도 하다. 그리고 잘난 척 하는 선비들의 성기가 없어지게 만들거나 술자리 기생들로 선비들의 부인들을 데리고 오는 장면은 도덕적이지는 않지만 통쾌한 부분이다. 전우치는 지친 민초들을 가르치는 영웅이 아니라 그냥 함께 하면서 통쾌함을 주는 그런 존재로 사랑을 받아왔던 것이다.

접시꽃

쓸쓸하고 황량한 밭가에 / 寂寞荒田側

가지가 무겁도록 화려한 꽃 달렸네 / 繁花壓柔枝

봄장마 그치니 가볍게 향기 날고 / 香輕梅雨歇

초여름 바람 타고 그림자 한들대네 / 影帶麥風欹

수레나 말 탄 귀인 누가 와서 보겠는가 / 車馬誰見賞

벌이나 나비만이 한갓 서로 엿본다네 / 蜂蝶徒相窺

태어난 땅 천한 것 스스로 부끄러워 / 自慙生地賤

사람들 버려 둔 것 원망할 수 있으리오 / 堪恨人弃遺

이 시는 신라시대 최치원이 쓴 〈접시꽃〔촉규화蜀葵花〕〉이라는 시이다. 이 시는 세상이 뛰어난 능력을 가지고 있는 자신을 알아주지 않는 것에 대한 탄식을 노래한 것으로 수능 모의고사나 여러 시험에 자주 출제될 정도로 유명한 시이다. 그런데 이 시는 책이나 시험마다 번역이 제각각이고, 또 이치에 맞지 않는 부분들이 많다. 그 이유는 3행의 두 번째 한자가 15세기 왕명에 의해 편찬된《동문선》에는 '가벼울 경輕'으로 되어 있지만 1920년대 최면식 선생이 간행한《고운선생문집》에는 '지날 경經'으로 되어 있기 때문이다. 고운선생문집을 기준으로 사람들은 '향기가 지나고', '향기가 시들해지고'와 같이 번역을 한다. 4행의 경우는 '보리 바람을 띠어 그림자 쓰러졌네'라는 양주동 선생의 번역을 많이 쓰지만, 중고등학교에서 향가를 배워 본 사람이라면 누구나 느끼듯 양주동 선생의 번역은 번역이 더 이해하기 어려울 때가 있다.

그리고 이러한 해석들은 실제 접시꽃을 보았을 때의 느낌과는 거리가 멀다. 아침 저녁 신천동로를 타고 출퇴근을 하다 보면 길가의 잡초들 사이에 핀 화려한 꽃들이 보이는데, 이 꽃들이 바로 접시꽃이다. 크고 화려한 꽃을 피우고 한들대는 모습을 보면 잡초들 사이에는 있기 아까운 꽃이라는 생각이 든다. 흔히 우즈베키스탄에 미인이 많다는 것을 우스개 소리로 김태희가 밭 매고 있다는 소리를 하는데, 접시꽃을 보면 밭 매고 있는 김태희처럼 아름답지만 왠지 어울리지 않는 곳에 있다는 느낌이 든다. 접시꽃의 느낌은 바로 그런 것이다. 만약 '향기가 시들해지고'나 '그림자가 쓰러진' 매우 처량한 모습이라면 '수레나 말 탄 귀인'이 봐 줄 필요도 없으며, 봐

주지 않는다고 해서 자신의 가치를 알아주지 않는 세상을 원망하고 탄식한다는 것은 이치에 맞지 않는 것이다.

위의 시는 우리 학교 김용환 선생님이 이런 문제점들을 바로 잡아 새로 번역한 것이다. 지금은 대부분 접시꽃이 다 졌지만 내년 초여름에는 들판에 핀 접시꽃을 보며 신라시대 최치원이 접시꽃을 대하던 심정을 상상해보거나 도종환 시인이 불치병에 걸린 아내에게 말한 '접시꽃 같은 당신'이 어떤 느낌인지를 생각해 보는 것도 괜찮을 듯하다.

동동動動

　〈청산별곡〉이나 〈가시리〉와 같은 고려속요는 학력고사 세대라면 누구나 외우고 있다. 그런데 지금 남아 있는 고려속요에 대한 오해 중 하나는 고려속요가 민중들의 입으로 구전되던 민요라고 생각하는 것이다. 현재 남아 있는 고려속요는 모두 훈민정음으로 기록된 것이고, 기록된 책들은 모두 궁중음악을 정리한 책들이다. 고려속요는 '남녀상열지사'라고 하는 남녀 간의 애정을 다룬 것들이 많기 때문에 민간에서 불린 것일 수도 있지만, 현재 남아 있는 것들은 모두 궁중에서 잔치 때 왕과 신하들 앞에서 부르던 노래들이었다. 유교 이념으로 무장한 사대부들은 궁중음악을 정리하면서 많은 고려속요들을 '사리부재詞俚不載(노랫말이 저속하여 싣지 않음)'라 하여 버렸기 때문에 오늘날 전해지는 작품은 〈쌍화점〉정도를 제외하고는 크게 음란하다고 할 만한 작품도 없다.

고려속요 중 〈동동〉은 민요적인 성격을 가지고 있으면서 궁중으로 사용되었던 고려속요의 특징을 잘 보여주는 작품이다. 이익이 쓴 《성호사설》에서는 동동에 대해 "지금 광대들이 입으로 북소리를 내며 춤추는 것이 그것이니, 동동은 둥둥 북소리와 같은 뜻이다."라고 설명하며, 최치원의 시에 묘사되어 있는 '남북으로 뛰고 달리는' 춤 공연이 그치지 않았다는 것을 통해 그 분위기를 짐작할 수 있다고 하였다. 실록에 보면 사신들 앞에서 어린 기생이 〈동동〉 춤을 추었다는 기록도 있다. 이를 종합해 보면 동동은 노래와 춤 공연이 중심이 되었으며, 한 명이 처음과 끝을 염두에 두고 창작한 닫힌 구조가 아니라 얼마든지 확장돼 나갈 수 있는 열린 구조를 가지고 있었다고 볼 수 있다. 이것은 모내기소리, 상여소리, 달구야소리를 할 때 정해진 가사가 있는 것이 아니라 노랫가락에 맞추어 생각나는 대로 소리를 매기는 것과 같은 방식이라고 할 수 있다. (나중에 사대부들은 〈동동〉의 노랫가락에 정도전이 쓴 악장인 〈신도가〉 가사를 얹어서 불렀다고 한다.)

창작 상황이 이렇다 보니 가사 안에는 다양한 목소리들이 나타난다. 대표적인 것이 2월에 높이 켜 놓은 등불을 보면서 (님의 모습이) '萬人(만인) 비취실 즈ᇫ이샷다'라고 찬양을 한다. 대신 4월에는 잊지 않고 돌아오는 꾀꼬리새를 보며 '므슴다 錄事(녹사)니ᄆᆞᆫ 녯 나를 닛고신뎌.'라고 원망을 한다. 여기서 4월에 나오는 님은 '녹사' 라는 하급 공무원인데, 이 님이 2월의 님과 같은 사람이라고 보기는 어렵다. 왜냐하면 '만인을 비추실 얼굴' 이라는 것은 오로지 임금한테만 할 수 있는 말이기 때문이다. 그 시절에 왕이 아닌 사람에게 만인을 비출 얼굴이라고 하는 것은 역모죄에 해당되는 것이다. 그리고 버림받은 자신의 처지를 '벼랑에 버린 빗', '꺾인 보리수나무' 와 같다고 한탄을 하다가 님과 함께 하기를 기원하기도 한다. 이것은 화자의 분열된 자아를 보여주는 것이 아니라 열린 구조의 특성을 보여주는 것이라고 할 수 있다.

창작의 고통

9월 달력을 넘기면 고3들에게 입시와 수능은 당장 코앞에 닥친 현실이 된다. 모두들 마음도 급하고, 긴장되기도 하면서 심리적으로도 많이 불안정해지는 시기이기도 하다. 3학년 담임들도 학생들과 마찬가지로 마라톤으로 치자면 40km 지점을 통과한 선수처럼 거의 체력이 바닥난 상태가 된다. 몇 년 전 이맘 때쯤 아무 생각없이 학교 뒷산을 바라보고 있는데 문득 단풍이 들어 있는 게 보였다. "어, 단풍 들었네."라고 말하다가 단풍 든 것도 모르고 정신없이 산 것에 대한 생각을 시로 한번 써 보았다.

오-메 단풍 들었네

교실 창밖으로 보이는 푸른 하늘

그 하늘에 맞닿은 학교 뒷산을 보다
나도 모르게 하는 말이
오-메 단풍들었네!

학교 뒷산의 꽃들은
존재의 흔들리는 가지 끝에서 피었다 지고
꽃피는 나무는 자기 몸으로 꽃피는 나무였다가
결별이 이룩하는 축복에 싸여 꽃답게 죽고
무성한 녹음과 열매 맺는 가을
고풍한 뜰에 달빛이 조수처럼 밀려오는 동안
동복에서 하복으로 하복에서 다시 동복으로
교복으로 계절을 알 뿐
밑줄 치고 외우고
남의 말로 조각낸 시를 읽으며
뒷산 한 번 쳐다볼 여유 없이
1년을 보냈구나

애들아!
수능은 수능이고, 단풍은 단풍이지
너희들의 미래 같은 단풍 든 산을 보아라.
오-메 단풍들었네!

잘 쓴 시는 아니지만 읽어볼 만한 시의 꼴은 갖춘 것 같다. 그런데 아는 사람들은 알겠지만 2연에 사용된 말들은 학생들이 배우는 교재에 나오는 유명한 시인(김춘수, 황지우, 이형기, 장만영)들의 작품 속에서 가져온 것들이다. 어떤 사람들은 여기에 대해 시인들이 고통스럽게 쓴 시구를 날로 가져다 쓰는 것이 아니냐고 이야기를 할 수 있다. 그렇지만 나는 개인적으로 '창작의 고통'이라는 말을 좋아하지 않는다. 내가 생각하는 창작이라는 것은 이미 있는 좋은 말들을 이용해서도 할 수 있는 것이며, 일상생활 속에서 재미있어서 하는 것이기 때문이다. (고통은 생각해 놓은 글감은 없는데 마감 시간이 다가올 때 생기는 것이다.) 창작의 고통을 이야기하는 사람들은 문학이라는 것을 매우 거창하고 엄숙한 것으로 보고, 한 구절, 한 구절 공들여 새로운 말을 만들어 내야 한다고 생각하는 경우가 많다. 그러나 그것은 문학을 자신과는 관련 없는 것으로 선을 긋는 동시에 일상인의 삶과 분리시키는 것이 된다. 창작이라는 것은 누구나, 자유롭게, 즐겁게 하는 것이다.

눈물이 말하는 것

진주晋州 장터 생어물魚物전에는
바닷밑이 깔리는 해 다 진 어스름을,

울엄매의 장사 끝에 남은 고기 몇 마리의
빛 발發하는 눈깔들이 속절없이
은전銀錢만큼 손 안 닿는 한恨이던가
울엄매야 울엄매,

별밭은 또 그리 멀리
우리 오누이의 머리 맞댄 골방 안 되어
손 시리게 떨던가 손 시리게 떨던가,

진주晋州 남강南江 맑다 해도

오명 가명

신새벽이나 밤빛에 보는 것을,

울엄매의 마음은 어떠했을꼬,

달빛 받은 옹기전의 옹기들같이

말없이 글썽이고 반짝이던 것인가.

이 시는 내가 개인적으로 좋아해서 국어 교과서를 집필할 때도 실었던 박재삼 시인의 〈추억에서〉이다. 이 시에서는 어른이 된 아들이 어린 시절 어머니의 모습을 추억한다. 추억이라는 것은 대개 아주 즐거웠던 기억이거나, 아니면 아주 힘겨웠지만 이제는 다 지나가 버려서 다시 겪지 않아도 된다는 안도감이 만들어낸 희미하지만 아름다운 기억들이 대부분이다. 그런데 이 시에 있는 추억은 아주 즐거웠던 기억도 아니고, 아름답게 포장된 기억도 아니다. 그냥 정직하게 기억을 거슬러 올라가는 것이다. 시인의 기억을 따라가 장터에서 파장이 되도록 고기들을 다 팔지 못한, 고단한 몸을 이끌고 집으로 가는 길에 진주 남강을 바라보던 어머니의 눈물과 마주칠 때면 우리 어머니의 모습이 겹쳐지면서 나 역시도 울컥해진다.

예전 어머니들은 일이 힘들고 몸이 고될수록 더 악착같이 일하셨고, 더 강하게 보이려고 노력을 하셨다. 그렇게 어머니들은 육체적 고통에는 강하셨다. 그러나 일 때문에 자식을 제대로 보살피지 못하는 안타까움, 자식들에게 좀 더 좋은 환경을 만들어주고 싶은데 생각대로 되지 않는 고단한 살림은 한이 되었다. 그 한이 불쑥 솟아오를 때 남몰래 글썽이는 눈물이 되는 것이다. 자식들은 어릴 때는 몰랐다 하더라도 크면서 그 눈물이 말하는 것을 알게 된다. 훈련소에서 유격을 받으면서도, PRI를 하면서도 울지 않았던 아들은 "장한 아들 두었다고 자랑하시던 / 그 말씀 손에 쥐고 여기에 섰다." 하는 군가 대목에서 어머니처럼 눈물을 글썽이게 된다. 자식이 어머니의 눈물을 이해하는 순간 어머니의 눈물에 담긴 사랑은 비로소 완성되기 때문에 어머니의 눈물은 처량하게 '글썽이던' 것이 아니라 마침내 '글썽이고 반짝이던' 것이 된다. 내가 〈추억에서〉를 좋아하는 이유는 바로 '글썽이고 반짝이던'에 담긴 뜻 때문이다.

일요일에 텔레비전에서 〈진짜 사나이 - 여군 특집〉을 보았다. 그런데 몇몇 출연자들이 시도 때도 없이 눈물을 흘리는 걸 보자니 너무나 불편해서 채널을 돌리고 말았다. 그 프로그램에서 눈물을 흘리는 장면을 계속 보여주는 이유가 감수성이 풍부하다는 것을 보여주기 위한 것이라고 할 수도 있다. 그러나 그 눈물은 '글썽이고 반짝이는' 아름다운 것이 아니라 고통 앞에 자기의 나약함을 드러내는, 그냥 '질질 짜는' 것이었다. 그리고 그 눈물은 자기가 감당하지 못할 과분한 자리에 부적절하게 있다는 것을 스스로 증명하는 것이기도 하다.

징비록과 정철의 가사

작년에 우리 집에서는 박시백 화백의 《만화 조선왕조실록》 20권짜리 한 질을 샀었다. 책이 조선왕조실록의 내용을 충실하게 반영하면서 오늘날의 관점에서 흥미롭게 재구성하였기 때문에 중학교에 다니는 우리 집 아이들도 재미있게 읽었다. 역사에 흥미를 가지게 되니까 KBS에서 하는 〈역사저널 그날〉과 같은 프로그램을 찾아 보기도 하고, 역사적인 맥락이 이해가 되니까 〈정도전〉이나 〈징비록〉과 같은 묵직한 사극을 즐겨보게 되었다. 아이돌 가수에 열광했던 큰딸은 이제 아이돌에 대한 관심은 시들해지고 대신 '슴메 아저씨'(정도전에서 이성계 역할을 했던 유동근 씨를 딸은 그렇게 부른다.)나 '그런데 아저씨'(징비록에서 류성룡 역할을 하고 있는 김상중 씨)의 열렬한 팬이 되었다. 한 가지 더 재미있는 것은 드라마를 보면서 아이들이 송강 정철에 대해서 이전에는 '시험에 자주 나오는 가사를 지어 21세기에 사는 대한민국 학생들의 정신 건강에 피해를 입히는 사람' 정도로 생각했다가, 요즘에는 '어허, 이 사람이.'라는 드라마 속 정철(선동혁 扮)의 성대모사를 하는 것을 즐길 정도로 매우 친숙한 존재로 여기게 되었다는 점이다.

　송강 정철은 드라마에 나오는 것처럼 성격이 직선적이고 다혈질적인 인물이다. 정여립의 난이 일어났을 때 선조가 귀양지에 있던 정철을 불러 사건의 처리를 진두지휘하게 한 이유도 바로 그런 성격 때문이라고 할 수 있다. 자신이야 임금을 위한 일념으로 그랬다고 하지만, 동인 세력을 숙청하는 동안 엄청나게 많은 정적들을 만들었다. 선조는 정철을 통해 자신의 손에 피를 묻히지 않고 동인 세력을 약화시키고 정국의 주도권을 가져올 수 있었다. 그렇지만 정철은 선조가 내심 귀인 김씨의 아들 신성군을 후계자로 생각하고 있음에도 눈치 없이 학식과 자질이 뛰어났던 광해군을 세자로 책봉하자고 했다가 대간들의 탄핵을 받고 전라도 함평으로 귀양을 가게 된다. 그때 귀양지에서 쓴 가사가 김만중으로부터 우리나라의 참문장이라는 평가를 받았고, 조선 후기 문인들이 글을 쓰는 데 하나의 모범이 된 〈사미인곡思美人曲〉과 〈속미인곡續美人歌〉이다. 그런 맥락들을 이해하면 다음과 같은 구절들은 굳이 해석을 하지 않아도 이해를 할 수 있을 것이다.

엊그제 님을 뫼셔 광한전廣寒殿에 올랐더니

그 때에 어찌하여 하계下界에 내려온고

올 적에 빗은 머리 얼키연지 삼 년일세

연지분도 있네마는 눌 위하여 곱게 할꼬

마음에 맺힌 시름 첩첩이 쌓여 있어

짓나니 한숨이요 지나니 눈물이라.

- 〈사미인곡〉

　학생들은 시험 문제에서 늘 보던 부분이라 '짓나니 한숨이요'가 절로 나올 수 있지만, 사극을 보고 상황을 이해한 사람이라면 임금의 총애를 받다가 하루아침에 죄인으로 유배지에 온 비통한 마음과 임금에 대한 연모의 마음을 누가 이처럼 절절하게 표현할 수 있었을까 하는 생각이 먼저 들 것이다.

제 가는 저 각시님 본 듯도 한저이고

천상 백옥경을 어찌하여 이별하고

해 다 지고 저문 날에 누굴 보러 가시는고

어와 너로구나 이내 사설 들어보소

내 얼굴 이 거동이 사랑받음직 한가마는

어쩐지 날 보시고 너로구나 여기실 새

나도 님을 믿어 군뜻이 전혀 없이

어리광이야 교태야 어지럽게 하였더니

반기시는 낯빛이 예전과 어찌 다르신고.

- 〈속미인곡〉

　두 여인의 대화 형식으로 자신의 신세를 표현한 속미인곡을 읽다보면 표현이 참 재미있다. 자기가 못 생겼지만 임금님이 사랑을 해 주시니까 아무 생각없이 '임금님~~' 하고 오버해서 어리광을 부리고 교태를 부렸더니 자기를 반기는 낯빛이 예전과 다르다는 것이다. 송강 정철이 어떻게 하다가 유배지에 온 것인지 그 상황이 훤히 그려진다. 문학 작품을 통해 역사 속의 인물이 생생한 모습으로 우리에게 다가오는 것이다. 이처럼 역사 공부는 문학 공부의 밑바탕이 되는 것이고, 문학 공부는 역사를 생생하게 이해하는 방법이 될 수 있다.

4부

즐기는 우리말 공부

국어 공부 잘 하는 법

 학생들하고 상담을 하다 보면 가장 많이 듣는 것 중 하나가 "국어 공부를 어떻게 하면 잘 할 수 있어요?"라는 질문이다. 수학처럼 시작과 끝이 분명하게 있는 것도 아니고, 영어처럼 어려서부터 공부를 해 온 것도 아니라서, 무엇부터 시작해야 할지도 모르겠다는 것이다. 고등학교에 와서 공부는 하는데 딱히 성적은 오르지 않아서 답답해하는 데다 '책 많이 읽고 교과서에 충실하라.'는 뻔한 이야기를 하면 더 짜증을 낸다. 그런 대답은 초등학생이나 중학생에게는 맞는 말일 수 있어도 고등학생에게 맞는 말은 아니기 때문이다.

 수능에서 국어 1등급을 받은 학생들의 사례들을 분석해 보면 국어 공부를 잘 하는 것은 좋은 야구 심판이 되는 과정에 비유될 수 있다. 좋은 심판이 되려면 제일 먼저 규칙을 철저하게 이해하고 있어야 하듯, 시험에 자주 나오는 '관용적 표현', '객관적 관점' 등과 같은 개념어나 문법 규칙을 실제 사례와 함께 알고 있어야 한다. 교과서나 기본서를 보면서 개념들을 잘 아는 것이 국어의 기초라고 할 수 있다.

좋은 야구 심판이 되기 위해서는 규칙을 잘 안다고 해서 되는 것은 아니다. 수많은 실전을 겪으면서 투수가 던진 공이 스트라이크에 해당하는지 안 하는지 판정하는 일정한 기준을 가져야 한다. 그리고 실제 경기에서는 생각지도 못했던 상황이 벌어지기도 하는데, 경험이 쌓이면 여유 있게 대처할 수 있다. 국어 공부도 마찬가지다. 글에 나오는 내용이 '객관적 관점'이라는 개념에 해당하는지 아닌지는 많은 문제를 풀어 보면서 익히는 수밖에 없다. 그리고 많은 문제를 풀다보면 어떤 글이나 문제가 나와도 여유 있게 대응을 할 수 있게 된다.

그리고 가장 중요한 것은 좋은 야구 심판이 되기 위해서는 빨리 판단해야 한다는 것이다. 느린 화면을 꼼꼼히 볼 수 있다면 누구나 좋은 심판이 될 수 있지만 현실은 그렇지 않다. 마찬가지로 학생들에게 충분한 시간을 주면 거의 모두 만점에 가까운 점수를 맞는다. 하지만 애석하게도 주어진 시간은 80분밖에 없다. (어릴 적에 독서를 많이 한 학생이 글을 빨리 읽을 수 있기 때문에 이 부분에서 위력을 발휘하기도 한다.) 그러나 많은 실전을 치러본 심판은 투수가 던진 공의 출발 궤적만 보고도 결과를 예측할 수 있듯, 많은 문제를 풀어 본 학생들은 어느 지점을 넘어서면 글의 패턴과 주제를 예측하면서 빨리 읽을 수 있게 된다.

결국 기출문제를 많이 풀어 보라는 이야기로 요약될 수도 있지만, 왜 기출문제를 많이 풀어야 하는가를 이해하는 것과 그냥 푸는 것은 차이가 있다. 타격의 달인이라 불렸던 장효조 선수는 힘들 때마다 "노력이 고민을 해결한다."는 말을 생각했다고 한다. 학생들도 왜 국어 성적이 안 나오는지 고민하지 말고 이 말을 먼저 생각했으면 한다.

한글의 기원

　한글날을 맞아 학교에서는 우리말 순화에 대한 가정통신문을 보내고, 뉴스에서는 외래어, 외국어 남용에 대한 기사를 한 꼭지씩 꼭 내보낸다. 이런 것들을 보면 마치 한글날이 우리말이 생긴 날처럼 생각된다. 그렇지만 우리말은 세종대왕이 만든 것이 아니라 단군왕검이 아사달에 나라를 세우기 이전에도 있었던 것이다. 정확하게 말하면 한글날은 우리말을 표기하기에 적합한 문자를 만든 것을 기념하는 날인데, 이 문자의 발명은 세계 어느 나라도 해내지 못한 것이기 때문에 (단언컨대) 3일 정도의 공휴일을 지정해도 지나치지 않은 우리 역사상 가장 자랑스러운 일이다.

　한글은 훈민정음 해례본이나 실록과 같은 역사서에 분명히 '세종어제世宗御製'(세종대왕이 직접 만듦)라고 되어 있기 때문에 세종대왕이 만든 것은 분명하다. 그래서 어떤 사람들은 세종대왕이 문살을 보고 있다가 혹은 궁정을 거닐다가 '불현듯이' 생각하게 되었다는 식의 설명을 하기도 했다. 그런데 그것이야말로 한글의 가치를 폄하하는 것이고, 세종대왕의 위대함을 깎아내리는 것이다. 왜냐하면 훈민정음은 중세 언어학의 결정체라고 할 수 있을 만큼의 방대한 언어학 연구 결과에 바탕을 두고 있기 때문이다. 훈민정음은 그 바탕에서 여러 가지 형태 문자들의 조합을 만들어 보고, 가장 간결하면서 적은 수의 문자를 가지고도 가장 편리하게 세상의 모든 말소리를 표현할 수 있는 체계를 만들어 낸 것이기 때문에 '불현듯이' 만들어 낼 수 있는 것이 아니었다.

의미를 중심으로 한 한자의 체계에 익숙한 세종대왕이 어떻게 소리를 중심으로 한 새로운 문자 체계를 만들어냈는지에 대해서 이익은 《성호사설》에서 훈민정음을 만들 당시 성삼문, 신숙주 등이 요동에서 귀양을 와 있던 황찬이라는 사람에게 13번이나 왕래했다는 것에 주목했다. 몽골은 유럽에서 아시아에 이르는 대제국을 건설하면서 효율적인 지배를 위해 문자 통일 정책을 위해 표음 문자인 파스파〔八思巴〕 문자를 보급하려고 했다. 그렇지만 파스파 문자는 기존의 한자나 위구르, 티벳 문자에 비해 장점이 두드러지지 않아 잘 보급이 되지 않았다. 이를 개량하기 위한 연구를 진행해 왔지만 결국 빛을 보지 못하고 원나라는 망하고 말았다. 이익은 원나라가 망했지만 그 학문적 성과들은 남아 있었으며, 황찬이 가지고 있던 지식은 바로 파스파 문자 개량에 관한 것이라고 이야기를 한다.

그렇지만 황찬과 교류하던 시기가 훈민정음이 어느 정도 완성된 시점이었기 때문에 황찬이 가지고 있던 지식이 훈민정음이 되었다고 보기는 어렵다. 대신 이익이 이야기한 사실들을 통해 세종대왕이 소리를 문자로 표현하는 방법에 대해 황찬과 상당 부분의 지식을 공유하고 있었다는 것과 새로운 문자를 만들기 위해서 좋은 의견이 있다면 적극적으로 구하던 세종대왕의 모습을 짐작해 볼 수 있다.

한글의 위대함

한글의 기원을 파스파 문자에 두고 있다는 설을 소개하자, 어떤 분이 그렇게 본다면 한글의 가치를 깎는 것이 아니냐는 질문을 해왔다. 이에 대한 답을 비유적으로 이야기를 하자면 갈릴레이의 연구를 물려받았다고 해서 뉴턴의 업적이 낮아지는 것은 아니라는 것과 같다. 더구나 한글은 뉴턴과 달리 그 뒤에 더 나은 문자가 나오지 않았고, 앞으로도 나올 가능성도 지금으로서는 매우 적다는 점에서 인류적인 유산이라고 할 수 있다.

지금까지 나온 세계의 문자들을 보면 가장 기초적인 것은 상형 문자를 개량한 표의 문자들이다. 표의 문자의 가장 대표적인 한자는 뜻만큼 많은 글자가 필요하고, '철수(도/만/조차) 먹었(다/지/을까).' 처럼 조사와 어미에 의해 의미가 달라지는 우리말과 같은 경우는 제대로 표현하기 어렵다. 표의문자가 불편하다는 것을 안 사람들은 소리를 이용하는 문자들을 고안했는데, 소리를 이용하는 문자들은 대부분 발음이 인식되는 단위인 음절 단위로 문자를 만들었다. 고대 이집트나 중세 중국 주변의 국가들이 한자의 음을 이용해 이를 개량하여 썼는데, 지금까지 남아 있는 것은 일본어가 가장 대표적이다. 우리말에서 사용하는 음절의 개수는 3360개(초성 19개, 중성 21개, 종성 7개에 초성, 종성이 없는 경우 포함)이니까 만약 한글을 일본어처럼 만들었다면 한자만큼이나 많은 문자를 만들었어야 할 것이다. 문자의 수를 획기적으로 줄인 방법은 음절의 자음과 모음을 분리해 만든 음운 문자이다. 로마자의 경우 자음과 모음을 나누어 26개의 글자로 소리를 표현하고 있지만, 소리에 대응되는 문자가 없는 경우가 많고, 음절 단위로 파악되지 않아서 어디까지 끊어 읽어야 하는지 파악하기 힘들고, 글자의 체계가 없다.

한글은 음운 문자의 장점을 살리면서도 음절 단위로 모아 쓰기를 하기 때문에 음절 문자가 가진 장점까지 함께 갖추고 있다. 그리고 자음의 경우 발음 기관의 모양을 상형한 기본자 'ㄱ, ㄴ, ㅁ, ㅅ, ㅇ'에 같은 계열의 소리는 획 하나를 더하는 방법으로 만들었으며, 모음의 경우 천지인(ㆍ, ㅡ, ㅣ)에 해당하는 글자의 조합으로 모든 모음들을 표현할 수 있도록 만들었다. 글자를 만든 원리를 적용해 보면 한글의 경우는 원칙적으로 기본적인 8글자에 기본자에서 만들어지지 않은 'ㄹ'을 포함하여 9개의 자판만 있어도 충분히 입력이 가능하다는 결론이 나온다. 핸드폰의 12개의 자판만으로 쉽게 문자를 주고받을 수 있는 이유가 여기에 있는 것이다.

요즘 사람들은 스마트폰으로 손쉽게 인터넷 검색도 하고, 동호회에 글을 올리기도 한다. 만약 우리가 한자나 일본어와 같은 문자를 사용하고 있었다면 그렇게 쉽고 빠르게 이용하지는 못했을 것이다. 그리고 지금보다 문맹률이 훨씬 더 높았을 수도 있다. 만약 세종대왕이 한자만으로도 문자 생활을 하는데 아무런 문제가 없다는 반대 상소를 받아 들였다면 우리나라가 현재와 같은 인터넷 강국이 될 수 있었을까? 700년 앞을 내다본 세종대왕의 지혜가 다시 한 번 위대하게 느껴진다.

훈민정음 창제의 참뜻

한글이 만들어진 것에 대한 사람들의 일반적인 생각은 한글이 우리말을 잘 표기하기 위해 만들어졌다는 것이다. '나랏말쓰미 듕귁에 달아'로 시작하는 세종대왕의 서문 외에도 훈민정음 해례본에 있는 '정인지 서序'를 보면 그 생각은 어느 정도 합당하다고 할 수 있다. 정인지는 훈민정음을 창제한 이유에 대해서 다음과 같이 밝히고 있다.

"세상은 풍토가 다르기 때문에 말소리 또한 따라 다르게 된다. 대개 외국의 말은 그 소리는 있어도 그 글자는 없으므로, 중국의 글자를 빌려서 일상생활에 쓰고 있다. 이것은 마치 둥근 자루를 모난 구멍에 끼운 것 같이 어긋남이 있는데, 어찌 막힘이 없겠는가. 요컨대 글자는 각 나라의 실정에 맞게 해야 하는 것이지, 억지로 같게 할 수는 없는 것이다."

그렇지만 한글은 우리말만을 잘 표기하기 위해 만들어진

글자는 아니다. 훈민정음은 한자로 표기할 수 없는 우리 말소리를 표기할 수 있도록 하였을 뿐만 아니라, 중국어에는 있지만 우리말에는 없는 소리까지 표기할 수 있도록 하였기 때문이다. 훈민정음을 반포하고 난 뒤 처음 편찬한 책인《동국정운東國正韻》은 훈민정음으로 중국의 말소리를 정확하게 표기할 수 있음을 보여준 것이었다. 이것은 우리말에 없는 소리에 대응하는 문자까지 만들었다는 것인데, 이에 대해서도 정인지는 이렇게 이야기를 한다.

"계해년 겨울에 우리 전하께서 비로소 정음 28자를 창제하시고, 간략하게 예의例義를 들어 보이시고 이름을 훈민정음이라고 지으셨다. 이 글자는 상형해서 만들되 글자 모양은 중국의 고전古篆을 본떴고, 소리의 원리는 칠조七調에 맞고, 삼극三極과 이기二氣가 모두 포괄되어 있어서 28자를 가지고도 전환이 무궁하며, 간략하면서도 정교하게 이루어져 있다. …(중략)… 어디를 가더라도 통하지 않는 곳이 없어서, 비록 바람소리와 학의 울음이든지, 닭울음소리나 개 짖는 소리까지도 모두 표현해 쓸 수가 있게 되었다."

그러니까 세종대왕께서 만드셨던 처음의 문자 체계는 세상의 모든 언어뿐만 아니라 모든 소리들도 정확하게 표현할 수 있도록 한 것이었다. 이를 보면 훈민정음을 만든 본뜻은 우리말을 정확하게 기록하기 위함이라기보다 세상의 모든 소리를 문자로 표현하기 위한 야심찬 프로젝트였다고 할 수 있다. 그렇지만 우리말에 존재하지 않는 소리를 표기하기 위해 문자를 남겨둔다는 것은 매우 비효율적인 것이기 때문에 사라질 것들은 사라지고, 현재와 같은 문자 체계가 된 것이라고 할 수 있다.

현재 사라진 글자들을 재구성해 보면 훈민정음이 외국의 소리를 더 정확하게 표현할 수 있었다는 것을 알 수 있는데, 그 대표적인 것이 바로 '병'(순경음 비읍)이다. '병'은 안울림소리 'ㅂ'이 울림소리화한 것이다. 외국인들은 한국인들이 하는 '바보'라는 말을 들으면 [pabo]로 표기를 한다. 첫소리의 'ㅂ'과 울림소리인 모음 사이에 들어가 소리가 약해져 울림소리가 된 'ㅂ'을 다른 소리로 인식하기 때문이다. 한국인들은 두 소리의 차이를 느끼지 못하고, 의미를 구분하지도 못하기 때문에 안 쓰이지만, '병'은 오늘날 외국의 'b' 발음을 정확하게 적을 수 있다.('병'은 약한 소리였기 때문에 점차 반모음 [w]로 변해갔지만 경상도에서는 '더러운'이라고 하지 않고 '더러블'이라고 발음한다.) 'ㅿ'(반치음) 역시 비슷한 원리로 'ㅅ'이 울림소리화해서 외국어의 [z] 발음 비슷하게 된 것이다. (경상도에서는 아직도 '마실 간다'고 하는 이유는 아직까지 'ㅿ'의 흔적이 남아 있기 때문이다.)

우리말을 로마자로 표기하면 'Seri Pak' [씨뤼팩(박세리)],

'Chanho Park' [챈호우팔크(박찬호)]처럼 이상한 소리로 기록되지만 외국말을 한글로 쓰면 원래 말에 가깝게 쓸 수 있다. 세종대왕께서 만드신 체계를 이용하면 좀 더 원음에 가깝게 쓸 수 있다. 이것이 바로 한글이 또 하나의 한류가 될 수 있는 이유이다.

재미있는 국어 문법을 위하여

중학교 3학년인 딸이 국어 기말고사 시험지를 가지고 와서 자기가 틀린 문제에 대해서 설명을 좀 해 달라고 했다. 한 문단 안에 있는 문법 요소를 모두 찾는 좀 가혹한 형태의 문제였는데, 우리 아이가 선택한 답과 정답의 차이는 미래 시제가 있냐 없냐에 갈렸다. 우리 아이의 말은 '그 아이에게 죄로 가지 않을 만큼 한다고 했다.'에서 미래 시제가 어디에 있느냐는 것이다. 선생님이 내 주신 학습지에도 분명히 미래 시제는 '사건시(사건이 일어난 시점)가 발화시(말하는 시점)보다 이후'인 시제라고 하였기 때문에 '죄로 가지 않는다'는 것을 아직 일어나지 않은 사건으로 볼 수 없다는 것이다.

결론부터 말하자면 이 문제는 두 가지 이유에서 답을 확정하기 어려운 부분이 있는 문제이다. 첫 번째는 관형사형 어미 '-ㄹ'을 사용한다고 해서 모두 미래 시제가 되는 것은 아니라는 점을 간과했다는 점이다. 다음 예문을 한 번 보자.

1-1. 나는 최선을 다할 뿐이다.
1-2. 밥은 따뜻할 때 먹어야 한다.

이 예문을 보면 어미 '-ㄹ'은 미래 시제를 나타내는 것이 아니라 단순히 뒷말을 꾸며주는 형태로 만들어주는 역할만 할 뿐이다. 그래서 '-ㄹ'의 자리에 과거나 현재 시제를 표현하는 어미를 넣어서 말을 만들어 보면 '다한 뿐', '다하는 뿐', '따뜻한 때'와 같이 매우 어색한 형태가 된다. '죄로 가지 않을 만큼'도 이런 성격을 가지기 때문에 미래 시제를 나타낸다고 보기는 어렵다.

억지로 우겨서 '죄로 가지 않을'을 미래의 의미로 해석한다고 해도 문제는 생긴다. '죄로 가지 않는다'는 일을 시작하는 시점을 기준으로 보면 미래가 될 수 있지만, 과거 시제를 나타내는 '했다'와 같이 있기 때문에 말을 하는 지금 시점에서는 과거가 된다. 이것은 기준점을 어디에 두느냐에 따라 시제가 바뀌는 것이기 때문에 문법적 용어로 '상대적 시제'라고 한다. 선생님이 내준 학습지에 있는 설명은 기준점을 현재로 고정시켜 놓은 '절대적 시제'를 말하는 것이기 때문에 학교에서 배운 대로라면 미래 시제가 없다고 보는 것이 좀 더 정확한 해석이 될 수 있다.

시험 전날에는 과거 시제를 나타내는 어미에 대해 물었었는데, 사실 이 내용에 대해서도 시험에 나왔다면 나는 딸에게 엄청난 원망을 들었을 것이다. 학습지의 설명에 따르면 동사에는 어미 '-은/-ㄴ'을 사용하고, 형용사나 서술격 조사에는 '-던'을 사용해서 과거 시제를 표현한다고 설명을 해 놓았다. 이 설명대로라면 동사 뒤에는 '-던'을 사용할 수 없는 것처럼 생각되지만 실제로는 '먹던 음식', '좀 놀던 언니'와 같이 아무런 제약이 없이 사용된다. 그렇지만 의미에는 모국어 화자만 알 수 있는 미세한 차이가 있다. 다음 예들을 한 번 비교해 보자.

2-1. 어제 먹은 음식 / 늘 먹은 음식
2-2. 어제 먹던 음식 / 늘 먹던 음식

2-1은 과거에 확실하게 완료된 것이다. 그래서 습관을 나타내는 '늘'이라는 부사어와는 같이 쓰이지를 못한다. 이에 비해 2-2는 동작이 완료되지 못했거나, 완료 여부와 상관없이 특정 시점의 상황을 표현하는 것임을 알 수 있다. 그리고 '하던 대로 해라'와 같이 과거 시제의 표현과는 상관없이 습관적인 일이라는 의미를 표현하기 위해 사용하는 경우가 많다.

이런 미세한 차이를 탐구해 보면 우리말이 가진 풍부한 표현력을 알 수 있고, 토씨 하나에 의미가 크게 달라지는 논리를 경험할 수 있다. 그런데 그것을 버리고 외국인들에게 문법을 가르치듯 '-ㄹ'은 미래, '-은'은 과거, 무조건 외워라 하니 국어 문법이 재미가 없을 수밖에 없는 것이다.

수능 이의 제기 문항에 대한 생각

　해마다 수능이 끝나고 나면 각종 이의 제기가 쏟아진다. 2016 수능 국어에서는 어휘 문제가 난도를 결정하는 중요한 요소가 되다 보니 대부분의 이의 제기가 어휘 문제에 집중이 되었다. 가장 이의 제기가 많았던 문제는 사전을 통해 어휘를 이해하는 14번 문제와 '거치다'를 적절한 한자 어휘로 대체하는 30번 문제로 신문에 기사화되기도 했지만, 사실 이의 제기를 할 만한 문제는 아니었다. 이 문제들은 이의 제기가 받아들여질 가능성이 거의 없는 문제이기 때문에 예비 수험생들에게는 수능에서 어떻게 생각하면 틀리게 되는지, 어떻게 해야 틀리지 않을 수 있는지를 알려주는 반면교사가 된다.

　먼저 사전을 통해 어휘를 이해하는 문제는 아래와 같은 사전 정보에 대해 " '같이하다'의 문형 정보 및 용례를 보니, '같이하다'는 두 자리 서술어로도 쓰일 수 있고, 세 자리 서술어로도 쓰일 수 있군." 이라는 답지를 제시하고 있다.

같이-하다[가치--] 동 【(…과)…을】
① 경험이나 생활 따위를 얼마 동안 더불어 하다.
¶친구와 침식을 같이하다/평생을 같이한 부부
② 서로 어떤 뜻이나 행동 따위를 동일하게 가지다.
¶그와 의견을 같이하다/견해를 같이하다

학생들의 대부분의 이의 제기는 사전 정보를 통해서는 세 자리 서술어가 될 수 있다는 말의 근거가 없다는 것이었다. 그러나 사전의 문형 정보인 '【(…과)…을】' 부분은 주어와 서술어 외에 필수 성분을 나타내는 것으로, '…과'가 필수 성분이 될 수도 있고, 아닐 수도 있다는 것을 의미한다. 예문에 있는 것처럼 '친구와 침식을 같이하다'라고 하면 세 자리 서술어가 되고, '부부가 평생을 같이하다'라고 하면 두 자리 서술어가 되는 것이다. 이것은 서술어의 자릿수와 사전을 보는 방법에 대한 기본적인 지식을 가지고 있으면 쉽게 판단할 수 있는 것이었는데, 주어가 생략된 것은 생각하지 않고 판단했기 때문에 많이 틀린 것이다.

또 다른 문제에서는 "이 분쟁은 두 차례의 판결을 거쳐 해결될 수 있는 것이다."의 '거쳐'를 바꾸어 쓸 수 있는 말로

'경유經由하여'를 오답으로 제시했는데, '재판을 경유하다'
와 같은 말을 법조계에서 흔히 사용하기 때문에 정답이 될 수
있다는 이의 제기가 많았다. '…을 거치다'의 문형인 경우
'대구를 거쳐 서울에 갔다.'처럼 '도중에 어디를 지나거나
들르다.'의 뜻으로 사용되는 경우와 '중·고등학교를 거쳐
대학에 갔다.'처럼 '어떤 과정이나 단계를 밟다.'의 뜻으로
사용되는 경우, '그의 손을 거쳐 완성이 되었다.'처럼 '검사
하거나 살펴보다.'의 뜻으로 사용되는 경우가 있다. 첫 번째
의미는 '경유하다'로 바꾸어 쓸 수 있지만, 나머지는 바꾸어
쓸 수가 없다. 그런데 '경유하다'는 도중에 지나치는 지점이
추상화되어 '사무 절차에서 어떤 부서 혹은 담당자'의 의미
로 사용할 수 있기 때문에 오해하기 쉬운 면이 있다. 그러나
문제에서 말하는 '두 차례의 판결'은 사무 절차상의 어떤 부
서가 아니라 '과정이나 단계'에 속하는 것이기 때문에 '경유
하다'로 대체하기가 어렵다. 법조계에서 사용한다는 '경유하
다'라는 말도 엄밀하게 이야기하면 '1심 재판부를 경유하
다.'와 같이 부서를 거친다는 뜻으로 사용되거나 아니면 아
직 인정을 못 받고 잘못 사용하는 경우이기 때문에 일상적인
언어와 차이기 있다.

이런 문제에 대해 순우리말을 한자어로 바꾸는 것이 무슨
의미가 있느냐는 이야기들도 상당히 많다. 그러나 대개 순우

리말은 여러 가지 의미를 가지는 반면 한자어는 제한된 의미만을 가지고 있기 때문에 두 가지 모두 알면 상황에 따라 적절하게 표현할 수 있다. 그래서 앞으로도 시험에서 이러한 문제가 계속 출제될 가능성이 높다. 예비 수험생이라면 표준국어대사전을 많이 찾아보고, 여러 어휘를 많이 사용해 보는 것이 가장 좋은 시험 대비가 될 것이다.

띄어쓰기

"선생님, '체험 학습'을 붙여 쓰는 거예요, 아니면 띄어 쓰는 거예요?"

"'생년월일 순으로 들어 가시오.'라고 쓴 게 맞나요?"

학교에서 다른 교과 선생님들로부터 이런 질문을 많이 받는다. 이런 질문을 받으면 즉답은 못해주고 컴퓨터로 사전을 검색한 후에 답을 해 주는 경우가 많다. 그만큼 우리말에서 띄어쓰기는 어렵기 때문이다. 또 어떻게 생각해 보면 국어 선생한테 물어볼 필요 없이 사전만 찾아보면 의외로 쉽게 알 수 있는 것이 띄어쓰기이기도 하다.

우리말에서 띄어쓰기 원칙은 매우 간단하다. 단어를 기준으로 띄어 쓰고, 조사는 붙여 쓴다는 것이다. "너에게 할 말이 있다."라고 하면 여기에서 단어는 '너, 에게, 할(하다), 말, 이, 있다.'가 된다. 그중 '에게, 이'는 조사이기 때문에 붙여 쓰는 것이다. 그런데 두 개 이상의 단어가 하나로 굳어진 합성 단어의 경우는 국어 선생들도 일일이 알기는 어렵다. 눈치 빠른 사람이라면 의문을 제기할 수 있는 것이 이 글에서 왜 '띄어쓰기'라는 단어는 붙여 쓰고, '띄어 쓰고'는 왜 띄어 쓰는가 하는 문제이다. 답은 '띄어쓰기'는 한 단어로 굳어진 것이기 때문에 붙여 쓰는 반면 '띄어 쓰다'는 한 단어로 굳어진 것이 아니기 때문이다.

결론적으로 말하면 두 단어 이상의 말이 합쳐져 하나로 굳어진 말은 사전에 등재가 되기 때문에 붙여 쓰는지 띄어 쓰는지 알려면 국어 선생들에게 물어볼 것이 아니라 사전을 찾으면 되는 것이다. 표준국어대사전을 찾아보면 '체험학습'이라는 단어가 없다. 그러면 '체험 학습'으로 띄어 쓰면 된다. '들어 가시오.'의 경우는 사전에 '들어가다'라는 말이 등재되어 있기 때문에 '들어가시오.'로 붙여 쓰면 된다.

이 원칙을 그대로 적용하면 '생년월일순'이라는 단어가 사전에 없으니 두 말은 띄어 쓰면 된다고 생각할 수 있다. 그런데 '순'을 사전에서 찾아보면 홀로 쓰이지는 못하고 다른 말에 붙어서 의미를 더하는 접사 '-순'으로 등재가 되어 있다. 접사가 붙는 말은 '나이순, 키순, 재산순' 등과 같이 얼마든지 확장이 될 수 있기 때문에 이 모두를 사전에 등재할 수 없다. 그래서 접사가 붙은 말은 사전에 등재되지 않아도 한 단어로 인정이 되기 때문에 '생년월일순'과 같이 붙여 쓰는 것이다.

아무리 국어를 잘 아는 사람이라도 띄어쓰기를 제대로 하는 것이 어렵다. 그래서 어떤 사람들은 너무 잘게 띄어 써서 어색해 보일 때는 붙여 쓰고, 너무 길어서 어색해 보이는 경우 띄어 쓰라고 한다. 또 애매하면 무조건 띄어 쓰라고도 한다. 이러한 방법은 띄어쓰기를 하는 이유, 즉 읽기의 효율성을 위한다는 점에서는 일상생활에서는 가장 무난한 방법이라고 할 수 있다. 그렇지만 정확하고 모범적인 글을 써야 할 때에는 사전을 확인하는 것이 꼭 필요하다.

깍두기와 오뚝이

수능에서 상위권 학생들도 문법 문제에서 많이 틀리는데, 그중에서도 '엇저녁, 적잖다, 깍뚜기, (회의에) 부치다, 넙적하다' 를 제시하고 맞춤법이 맞는 것을 찾으라는 문제를 가장 어려워 한다. 그도 그럴 것이 학생들은 주어진 자료를 이리저리 맞춰서 문제를 푸는 데 익숙한데, 공무원 시험처럼 아무 자료도 안 주고 옳은 것을 찾으라고 하니 어려울 수밖에 없다. 그렇지만 수능에서 국어에 대한 지식은 직접적으로 물을 수 있다는 것을 염두에 두어야 한다.

위에 있는 말 중 '깍뚜기' 는 '깍두기' 를 잘못 쓴 것인데, 실제 맞춤법 쪽지 시험을 쳐 보면 '깎두기, 깍둑이' 와 같은 오답들을 꽤 많이 나온다. 먼저 '깎' 을 쓰는 이유는 아마도 무를 깎아 놓은 것과 연관을 시켜서 그런 것 같은데, 그렇게 본다면 뒤에 오는 '두기' 는 설명할 길이 없다. '깍뚜기' 는 소리

나는 대로 적은 것이기 때문에 가장 그럴 듯해 보인다. 그런데 맞춤법 제5항에서는 '한 단어 안에서 뚜렷한 까닭 없이 나는 된소리는 다음 음절의 첫소리를 된소리로 적는다.' 라고 하면서도 'ㄱ, ㅂ 받침 뒤에서 나는 된소리는, 같은 음절이나 비슷한 음절이 겹쳐 나는 경우가 아니면 된소리로 적지 아니한다.' 고 규정을 하고 있다. '잔득' 이라고 하면 울림소리 사이에 있는 안울림소리 ㄷ은 울림소리화한다. 이 규정은 실제 발음이 울림소리화하지 않고, '잔뜩' 이라는 것을 표기에 반영하는 것이다. 대신 ㄱ, ㅂ과 같은 안울림소리 뒤에 안울림소리가 올 때는 자연적으로 된소리화 하는 경향이 있기 때문에 표기에 반영하지 않는다. 그래서 '깍두기, 몹시, 싹둑' 은 된소리로 발음되지만 된소리로 적지 않는다.

그리고 맞춤법 제23항에는 '-하다' 나 '-거리다' 가 붙는 어근에 '-이' 가 붙어서 명사가 된 것은 그 원형을 밝히어 적는다는 규정이 있다. 쉽게 생각하면 어원이 분명하게 남아 있는 말은 원형을 살려준다는 것이다. 그래서 '오뚝이' 의 경우는 '오뚝하다' 는 말이 있고, '오뚝' 이라는 어근이 '오뚝이' 의 어원이 분명하기 때문에 '오뚝이' 로 표기한다. 반면 '설거지' 의 경우 '설겆' 이라는 말이 현재는 남아 있지 않아서, 어원이 불분명한 상태가 되었기 때문에 '설겆이' 가 아니라 '설거지' 로 표기하는 것이다. '깍두기' 의 표기도 마찬가지라고 할 수 있다. 어떤 사람들은 조금 단단한 물건을 대중없이 자꾸 썬다는 뜻을 가진 '깍둑거리다' 는 말이 있기 때문에 '깍둑이' 로 써야 하는 것이 아니냐고 한다. 그렇지만 '깍두기' 가 '깍둑' 에서 온 말인지는 명확하지 않기 때문에 '깍두기' 로 쓰는 것이다.

기역, 디귿, 시옷

아주 무식한 사람을 이야기할 때 가장 흔히 쓰는 속담이 '낫 놓고 ㄱ자도 모른다' 이다. 그런데 의외로 사람들에게 ㄱ을 어떻게 읽는지 물어 보면 조금 헷갈리기 시작한다. '기역' 이라고 흔히들 쓰는 것 같은데 글자 이름의 규칙을 볼 때 '기윽' 인 것 같기도 하다. 남의 무식을 지적하려고 했다가 자기의 무식이 드러날 판이 된다. 실제로 '낫 놓고 기윽자도 모른다' 고 말한 사람에게 '기역' 이 옳다고 이야기를 했더니 그는 "세종대왕님은 왜 이렇게 어렵게 만들어서 날 힘들게 하는지……."라고 탄식을 했다. 그러나 '기역, 니은' 은 세종대왕과는 아무런 관련이 없는 것으로 그의 탄식은 무식을 확인해 주는 것이 되었다.

훈민정음 글자에 대한 해설서인 「훈민정음 해례본」을 보면 각 글자에 대해 'ㄱ는 엄쏘리니 君군字쫑 처섬 펴아 나는 소리 ㄱᆞᄐᆞ니라'(ㄱ은 어금니소리이니 '군' 자 처음 펴 나는 소리 같으니라) 와 같은 방식으로 설명을 하고 있다. 이 시기에는 모음조화가 철저하게 지켜지고 있었기 때문에 'ㅓ, ㅜ, ㅡ'와 같은 음성 모음 뒤에는 '는'을 썼기 때문에 자모 명칭이 '기역' 혹은 '기윽'이라면 'ㄱᄂᆞᆫ'이 되어서는 안 된다. 그런 점으로 볼 때 글자에 특별한 이름이 없이 양성모음을 붙여 '가, 나, 다, 라…'나 중성모음을 붙여 '기, 니, 디, 리…'로 읽었을 가능성 이 크다. 그리고 훈민정음을 처음 만들 때에는 글자의 순서도 'ㄱ, ㅋ, ㆁ, ㄷ, ㅌ, ㄴ…'로 현재와 많이 다르다.

오늘날과 같은 글자 이름과 순서가 나오는 것은 중종 때 최 세진이 쓴 《훈몽자회》이다. 훈몽자회에서는 초성으로도 쓰이 고 종성으로도 쓰이는 8자는 '니은尼隱, 리을梨乙, 미음眉音, 비 읍非邑, 이응異凝'처럼 글자 명칭에 종성과 초성을 넣어서 규 칙적으로 글자의 이름으로 쓰고 있다. 그렇지만 종성으로 쓰 이지 않는 'ㅈ, ㅊ, ㅋ, ㅌ, ㅍ, ㅎ'의 명칭은 '지, 치, 키, 티, 피, 히'로 쓰고 있다. (이것을 통해 유추해 보면 훈민정음의 글자 도 '기, 니, 디, 리…'로 읽었을 가능성이 좀 더 크다고 할 수 있다.)

그런데 여기에서 문제는 새 글자를 설명하기 위해서는 기 존의 문자인 한자로 표현해야 한다는 것이었다. 그래서 '기 윽, 디은, 시읏'이라고 해야 정확한데(실제로 북한에서는 규칙 을 존중해 글자 이름을 그렇게 쓴다.), 한자로는 '윽, 은, 읏'을 표현할 길이 없다. 그래서 '기윽'은 가장 발음이 근접한 한자인 '역役'을 사용하여 기역其役이라고 하였고, '읃'은 비슷한 음의 한자가 없었기 때문에 '池末'이라고 쓰고 '끝 말末'자의 뜻을 읽으라는 의미로 末자에 동그라미를 쳐 놓았다.(그 시절에는 구개음화가 없었기 때문에 한자를 읽으면 '디끝'이 된다.) 마찬가지로 '읏'이라는 음과 비슷한 한자가 없기 때문에 한자로 '時衣'라고 쓰고 '옷 의衣'자의 뜻을 읽으라는 의미에서 衣자에 동그라미를 해 두었다.

이후에 'ㅈ, ㅊ, ㅋ, ㅌ, ㅍ, ㅎ'의 명칭은 규칙을 따라 '지읒, 치읓, 키읔, 티읕, 피읖, 히읗'이 되었지만 '기역, 디귿, 시옷'은 예전에 있던 그대로 남아 있게 되었다. 결론적으로 말하자면 '기역, 디귿, 시옷'은 한자로 표현할 수 없는 소리가 존재한다는 것을 보여주는 것으로 한글의 우수성을 역으로 보여주는 것이라고 할 수 있다.

사전적 의미와 문맥적 의미

올해 고3들은 여러 번의 전국단위 모의고사를 치렀다. 지금까지 치렀던 시험들은 작년, 재작년 복수 정답으로 홍역을 치렀던 점과 정부가 쉬운 수능 기조를 천명한 점 때문인지 답을 아주 명확하게 하려고 한 것이 특징적이다. 국어의 경우는 토씨 하나의 미세한 차이로도 해석이 달라질 수 있기 때문에 아예 정답과 오답의 차이를 크게 두는 경향을 볼 수 있다. 그래서 수업 시간에 국어 100점을 맞은 학생들을 불러내서 간증(?)을 하게 하면 "지문하고 안 맞고, 말 안 되는 답지를 하나씩 골라내다 보니 큰 내적 갈등 없이 45번까지 가게 되었습니다."라는 반응이 대부분이다. 당연한 말 같지만 자기만의 생각에 너무 깊이 빠져 확실하게 틀린 것은 놓쳐버리고, '그렇게 볼 수도 있는' 내용을 선택해서 틀리는 경우가 많은 학생들은 새겨들어야 할 말이다.

그런데 문제가 쉽게 출제되다 보니 예전에는 학생들이 쉽게 맞혔던 어휘 문제에서 등급이 나뉘는 경향이 나타나기도 한다. 어휘 문제는 주로 지문에 담긴 정보량이 떨어져 문제로 낼 수 있는 내용이 많지 않을 때, 출제 마감이 임박했는데도 문제가 제대로 만들어지지 않을 때 팀장의 직권으로 긴급히 만든 것이 대부분이었다. 그런데 최근 수능에는 문맥적 의미, 사전적 의미, 단어 형성 원리, 사자성어 등을 묻는 문제가 최대 네 문제까지 출제가 되고 있다. 학생들은 이런 문제가 나오면 사자성어를 제외하고는 대부분 '감'으로 푼다. 그러나 답지에 있는 말을 넣어보고 말이 되느냐 안 되느냐를 가지고 판단하다가 낭패를 보는 경우가 있다. 그 대표적인 경우가 재작년 수능 문제이다. "푸른 난새와 붉은 봉황이 쌍쌍이 배회하며 몇몇 선동과 서너 명의 시녀가 신선 차림으로 난간머리에 섰으며"에서 '배회하며'를 문맥상 바꾸어 쓸 수 있는 말로 '어울리며'가 제시되었다. 일부 학생들은 그 자리에 '어울리며'를 넣어보니까 자연스러웠기 때문에 맞는 것으로 생각했다. 그렇지만 '어울리다'는 어슬렁거리며 돌아다닌다는 뜻의 '배회하다'와는 의미가 완전히 다른 것이기 때문에 대체어로는 적절하지 않은 것이다.

이런 실수를 하지 않기 위해서는 출제자들이 사용하는 일종의 기술에 대해 이해할 필요가 있다. 보통 '문맥적 의미가 유사한 것'을 찾는 문제는 사전에 있는 다의어나 동음이의어를 주로 이용한다. 예를 들어 '뽑다'의 경우 사전에 있는 것 중 몇 개만 보면 다음과 같은 것들이 있다.

【…에서 …을】무엇에 들인 돈이나 밑천 따위를 도로 거두어들이다. ¶ 사업에서 본전을 뽑다.

【…을 …으로】여럿 가운데에서 골라내다.

¶ 철수를 반장으로 뽑았다.

【…을】소리를 길게 내다.

¶ 노래를 한 곡조 뽑다. , 운동 경기 따위에서 점수를 얻다.

¶ 가볍게 선취점을 뽑았다.

문제의 출제 위원들은 대부분 사전에 있는 예문을 그대로 가져와서 답지로 사용하는데, 보면 알겠지만 다 같은 '뽑다'이지만 필요로 하는 필수 성분이 다르고, 결합하는 말의 성격이 달라서 의미가 달라진다는 것을 알 수 있다. 이 점을 생각하지 않고 감으로 의미를 찾으려고 하다 보면 조금 어려움을 겪을 수 있다.

사전적 의미를 묻는 문제는 다의어나 동음이의어에서 출제를 하지 않고, 약간 어려운 단어를 선택해서 문항화한다. 너무 티 나지 않게 오답을 만드는 것이 출제의 기술인데, 예를 들어 '규정'이라고 하면 '규칙으로 정함.'이 맞지만 한 글자가 같은 '규제'의 뜻풀이인 '규칙에 의해 일정한 한도를 정함.'을 오답지로 사용한다. 그러므로 이런 문제를 판단할 때는 '맞춤법 규정, 예외 규정, 대회 규정' 등과 같은 그 말이 들어간 다양한 용례들을 생각해 보고, 그것들이 과연 답지에 사용된 '한도를 정함'의 의미로 사용되었는지를 판단하는 것이 필요하다.

보조사

주 업무가 고3 담임이다 보니 나는 대학 교수들과 같이 일할 기회가 있을 때마다 '도대체' 대학에서는 어떤 기준으로 학생부 전형 학생을 선발하는지에 대해 물어 본다.('도대체'를 사전에서 찾아 보면, '다른 말은 그만두고 요점만 말하자면.', '전혀 알지 못하거나 아주 궁금하여 묻는 것인데.'의 의미가 나오는데 꼭 그런 의미는 아닌 것 같다.) 대학 교수들의 의견은 대체로 성적을 많이 보는데, 때로는 생활기록부와 추천서에 적힌 말들을 통해 고등학교 교사들과 보이지 않는 대화를 한다는 것이다. 요즘은 NEIS 학부모 서비스를 통해 담임이 학생부에 어떤 내용을 적는지 학부모가 볼 수 있는 시대이기 때문에 신념에 찬 초보나 고집불통쟁이가 아니라면 웬만해서는 나쁜 말을 적지는 않는다. 학생들과 하루 종일 붙어서 일거수일투족을 볼 수 있는 것도 아니기 때문에 학생의 모든 면을 보았다고 확신을 못하기 때문에 더더욱 나쁜 말을 적어 주기는 어렵다. 그렇지만 교수들은 학생부에 적힌 행간을 보며 판단을 한다는 것이다.

교수들이 이야기하는 학생부와 추천서에 가장 많이 나오는 말이 청소 이야기라고 한다. 교수들의 이야기 중 흥미로운 것은 교사들이 누가 시키지 않아도 청소를 열심히 하는 학생이라는 이야기를 구구절절이 써 놓은 학생들은 실제로 선발해서 대학에서 생활하는 것을 보면 천재적인 재능은 부족한 경우가 있지만 심성이 착하고, 성실한 학생들인 경우가 많다고 한다. 사실 그럴 수밖에 없는 것이 학교에서 교사들이 학생들의 인성을 판단하는 가장 중요한 근거는 바로 청소이기 때문이다. 자기의 이익에 철저히 계산적인 학생들이나, 엄마의 철저한 관리에 의해 만들어진 학생들은 대학에 들어가는 스펙이라고 하는 것 외에는 소홀히 하는 경우가 많다. 그래서 자기가 청소 당번일 때 힘든 것은 하지 않고 남들이 하는 것에 묻어가려는 경우가 있다. 이런 학생들의 경우 뭐라고 하지는 못하지만 교사와는 인간 대 인간으로서의 공감관계(심리학에서 '래포' 라고 많이 이야기를 하지만 표준어는 '라포르' 이다.)가 잘 형성되지 않는다. 이런 학생들이 학생회장이나 학급회장인 경우 교사들은 '다른 학생들을 이끌어 가고 통솔해 가는 리더십이 있음.' 이라고 하지 않고 '리더십은 있음.' 이라고 적는 경우가 있다. 그런데 만약 학급회장을 하면서도 겸손하면서 인간적인 매력이 있는 학생이라면 '리더십이 있고, 어떤 어떤 일을 할 때 어떠 어떠하게 일을 할 정도로 솔선수범하는 모범적인 학생임.' 이라는 식으로 좀 더 구체적으로 많은 말을 적어준다.

우리말에서 주격 조사 '이' 와 '은', '만', '도' 와 같은 특별한 의미를 더해주는 보조사는 모국어 화자가 아니라면 어려운 의미 차이가 있다. '리더십이 있다' 고 하면 그냥 그러려니, 하지만 '리더십은 있다' 고 하면 다른 무언가 대조되는 상황을 담고 있는 것이 된다. 이를테면 자기가 앞에 나서지 않는 상황이 되면 비협조적인, 한마디로 팔로어십이 부족하다는 것과 같은 대조적인 상황이 있을 때 성립되는 것이다. '리더십도 있음.' 이라고 하면 다른 무언가 잘 하는 능력이 있고, 부가적으로 리더십이 있는 경우를 말한다. '리더십만 있음.' 이라는 표현은 다른 것은 하나도 잘 하는 것이 없고 남을 통솔하는 것만 잘 한다는 것이기 때문에 이것은 성립하기 어려운 말이다. (잘 하는 것이 하나도 없는 사람을 따르는 경우는 없기 때문이다.) 이처럼 조사 하나 차이로 그것이 표현하는 문장의 의미는 크게 달라지는 것이다. 외국인들이 한국어를 배우는데 가장 어려워하는 부분이 이런 부분이지만, 한편으로는 한국어의 매력적인 부분이기도 하다.

고3의 받아쓰기 시간·1

요즘 날이 더워지고 매일 밤늦게까지 공부하는 것이 힘들다보니 고3 학생들도 잠을 이기지 못하고 꾸벅꾸벅하는 경우가 많다. 거기다 요즘 수업하는 단원이 학생들이 가장 싫어하는 문법 부분이다 보니 학생들은 수업도 시작하기 전에 괴로워한다. 이럴 때 억지로 수업을 한다고 해서 학생들 머리에 들어가는 것이 아니기 때문에 나는 졸고 있는 학생들 두셋을 불러내 전날 수업한 내용이나 그날 수업할 내용에 대한 받아쓰기 시합을 시킨다. 구경하는 학생들에게는 흥미를 주기 위해 누가 이길 것인가에 베팅을 하도록 하고 결과를 맞힌 학생들에게는 유통기한 한 시간짜리의 일명 '쉴드권' 이라는 것을 부여한다.(남학생들은 '쉴드권' 이라는 말을 듣는 순간 곧바로 그것이 어떤 의미를 가지는지에 대해 안다.) 그게 걸려 있어서인지 나온 학생들이 칠판에 받아쓰기를 할 때마다 교실에서는 탄식이 흘러나온다.

"내 발음이 형편없으니까 너희들은 알아서 바로 적어라.

1번, (설거지/설겆이)하고 (뒤쪽/뒷쪽)도 닦아라.

2번, (납작/납짝) 엎드려 (쓱싹 뚝딱/쓱삭 뚝닥).

3번, (아랫집/아래집) 남자, (위층/윗층) 아줌마

4번, (생각건대/생각컨대) 예를 (듦/듬)이 옳다.

5번, 어, 여친이 (바뀌었네/바꼈네)."

"샘, 문장들이 왜 그래요?"

"교과서에 나오는 문장보다는 쓰일 가능성이 많아. 다음 ...."

학생들은 평상시에 아무 어려움 없이 사용했던 말인데도 막상 받아쓰기로 정확하게 쓰라고 하니 헷갈리기 시작한다. 주로 ( ) 안에 있는 내용이 헷갈려야 하는데 어떤 학생은 '닦 아라'를 '닥아라'로, '엎드려'를 '업드려'로 쓰는 것과 같은 어이없는 실수를 해서 보는 학생들에게 큰 웃음을 주기도 한 다. 고3 학생들의 받아쓰기 점수는 생각보다 높지 않고, 구경 하는 학생들도 답을 잘 모르기 때문에, 승부의 향방은 예측하 기가 어렵다. 그래서 채점하면서 왜 그런지에 대해 설명할 때 학생들의 수업 몰입도는 최고조가 된다.

"맞춤법은 원래 이 말이 어디서 온 것인지를 밝혀서 적어주는 것이 원칙이야. 그게 한글맞춤법 제1항에 있는 '어법에 맞도록' 한다는 것이지. 그게 아니면 소리대로 적어준다는 것이야. 현재 '설겆다'라는 말이 없으니 '설거지'로 소리 나는 대로 적는 게 맞겠지?"

"'아래+집'이면 [아래찝]으로 '집'이 '찝'으로 소리 나니까 사시시옷 규정 적용해서 '아랫집'으로 표기하는 게 맞겠지? 그런데 '뒤+쪽'하고 '위+층'은 '쪽', '층'의 음이 그대로네. 그러니까 '뒤쪽, 위층'이 맞는 거야."

"지난 시간에 ㄱ, ㅂ 뒤에서 된소리로 나는 것은 같거나 비슷한 음절이 겹쳐나는 경우가 아니면 된소리로 적지 않는다고 했지? 그러니까 [납짝]으로 소리난다고 해도 '납작'으로 적는 거야. 그런데 '쓱싹 뚝딱'은? 바로 '같거나 비슷한 음절이 겹쳐나는 경우'에 해당하니까 그냥 된소리 그대로 적는 거야."

"안울림소리 뒤에서는 '하'가 통째로 사라져. 그러니까 '생각하건대'는 안울림소리 ㄱ 뒤에서 '하'가 통째로 사라지는 거니까 '생각건대'가 되지. 왜 '원컨대'가 되고, '섭섭지 않게'가 되는지 알겠지?"

"말을 줄일 때 함부로 버리는 게 아냐. 모양이 좀 어색하기는 하지만 어간이 ㄹ로 끝나는 말의 명사형은 '듦'으로 하지.

그리고 '바뀌었다'의 준말은 발음은 할 수 있지만 안 쓰는 문
자 조합이기 때문에 '바뀌었다'로 그대로 둬."

　그러는 동안에 문법 시간임에도 참 빨리 종이 친다.

고3의 받아쓰기 시간 · 2

　작년 수능 시험에 맞춤법을 묻는 6줄짜리 문제가 나왔을 때, 맞춤법 묻는 문제는 수능에 나오지 않는다고 장담을 했던 수능 고수라 불리는 선생님들은 요즘말로 멘붕에 빠졌었다. 수능은 사고력을 측정하는 것이기 때문에 주어진 자료를 바탕으로 타당한 해석을 찾아가는 것이라고 굳게 믿었는데, 제대로 배신을 당한 셈이었다. 엄밀하게 말하면 교육과정의 성취 기준을 중심으로 출제를 하는 새로운 수능의 특성상 문법에 대해서는 교과서의 지식을 직접적으로 물어볼 수도 있기 때문에 평가원에 완전히 배신당한 것이라고 보기는 어렵다. 그렇지만 작년에 문제로 출제된 '엇저녁에는', '적잖은 사람들', '회의에 부치기로', '깍뚜기', '넙적하게 생긴'은 다시 보아도 답이 알쏭달쏭하다. 아마 이 문제를 가지고 받아쓰기를 하면 고3이나 초등학생이나 비슷할 것 같다. 아니 오히려 못할 수도 있다. 왜냐하면 아예 어문 규범을 모르면 자신의 느낌대로 적지만, 조금 아는 경우는 그것이 오히려 방해가 될 수 있기 때문이다.

먼저 '엇저녁'을 보면 '어제저녁'의 준말이기 때문에 '엇저녁'이 맞춤법에 맞는 것이다. 준말이 될 때는 원래의 형태를 살려 주어야 하므로 '어제'가 '엇'으로 줄어든 것을 생각하면 쉽게 맞힐 수 있는 것이다.('엇'은 '엇박자'에 사용되는 것처럼 '어긋난'의 의미를 가진 것이다.) 그런데 문제는 그 원칙을 적용하면 '적잖은'이라는 말이 헷갈리기 시작한다. 그냥 직관적으로 보면 글자의 모양이 이상해서 '적잖은'으로 써야 할 것 같은데, '적지 않은'의 준말임을 생각해 보면 '적잖은'이 맞는 것 같기도 하다. 이에 대해서는 맞춤법 규정 중 준말에 대한 규정인 36항과 39항에 나와 있는데, '적잖다'라는 말이 하나의 단어로 이미 굳어져 사용되는 것이기 때문에 이 경우에는 굳이 '적지 않다'라는 원래의 형태를 밝혀줄 필요가 없다는 것이다. 이미 하나의 단어로 굳어진 것이냐에 대한 판단은 웬만한 전문가가 아니면 사전을 검색해 보지 않고는 알기가 힘들기 때문에 한글맞춤법이 어려운 것이다.

'부치다'는 '붙이다'와 발음이 같기 때문에 많이 헷갈리고 많이 틀리는 단어다. 가장 쉬운 설명으로는 '붙이다'는 '붙다'의 사동사로 접착의 의미를 가지고 있을 때 쓰고, 나머지는 '부치다'를 쓴다는 것이다. 이렇게 설명하면 '경호원을 붙이다', '공부에 흥미를 붙이다', '조건을 붙이다'와 같은 추상적 차원의 말은 판단이 애매해져서 도로 헷갈리기 시작한다. 결국 '힘에 부치다', '전을 부치다'(전을 얼굴에 팩으로 사용한다면 '붙이다'가 될 것이다.), '소작을 부치다', '편지를 부치다', '비밀에 부치다', '부채로 부치다'와 같이 '부치다'를 쓰는 말을 다 알아야 완전히 이해할 수 있게 된다.(이 문제에서 정답은 '회의에 부치다'이다.) '깍뚜기'에 대해서는 이전에 이야기한 바가 있기 때문에 생략을 한다.(정답은 '깍두기'이다.)

'넙적하다'의 경우는 학생들이 정답만큼 많이 선택한 답지이다. 'ㄱ,ㅂ' 뒤에서 나는 된소리는 '깍두기'의 예처럼 된소리로 적지 않는다는 규정을 생각해서 '넙쩍하다'로 적지 않고 '넙적하다'로 적었으니까 맞지 않을까 생각한다. 좀 더 깊이 생각하는 학생들은 이 말이 '넓다'에서 온 말이라는 점을 생각한다. 그래서 '넓적하다'로 적으려는데 글자 모양이 좀 이상하다. 그리고 같은 '넓다'에서 온 말이지만 '널찍하다', '널따랗다'와 같은 말은 원래의 형태를 살려서 적지 않는다. 그럼 '넓적하다'가 틀린 게 아닐까? 한글맞춤법 제21항을 보면 겹받침에서 뒤엣것이 발음되는 경우에는 그 어간의 형태를 밝히어 적고, 앞엣것만 발음되는 경우에는 어간의 형태를 밝히지 않고 소리 나는 대로 적는다는 내용이 있다. 그래서 '넓적하다', '널찍하다'가 된다는 것이다. 사실 쉽게 생각했던 것들도 막상 써 보려고 하면 어려운 경우가 많다. 고3에게도 받아쓰기 수업이 필요한 이유가 바로 그 때문이다. 그렇지만 받아쓰기 수업 후에 나는 학생들에게 꼭 덧붙인다.

"확실하게 알려고 하되 안다고 해서 지적하려고 하지는 말아라."

훈민정음 상주본

훈민정음 해례본 상주본의 소장자로 알려진 배모 씨의 집에 불이 나면서 훈민정음 상주본이 소실되었을 가능성이 있다는 뉴스가 있었다. 정치나 경제, 연예계에서 각종 사건들이 많이 터지면서 이 사건의 비중은 상대적으로 작게 처리가 되고 있는데, 이 사건은 절대 가볍게 넘길 수 있는 사건이 아니다. 문화재의 객관적 가치로 본다면 훈민정음 상주본의 소실은 숭례문이 방화로 전소된 것보다 더 큰 문제가 될 수 있는 사건이다.

훈민정음 해례본은 새로 만든 글자에 대해 한문으로 해설한 책으로 세종 28년 9월 상한上澣에 완성된 책이다.(이를 그레고리력의 양력으로 적용을 하면 1446년 10월 9일이 된다. 오늘날 한글날의 기준은 바로 해례본의 완성을 기준으로 잡는다.) 책의 구성은 세종대왕이 글자를 만든 취지와 글자의 음가, 실제 사용법을 담은 〈예의例義〉편과(우리가 알고 있는 '나랏말쏘미 듕귁에 달아'로 시작하는 글은 〈예의〉편을 한글로 번역한 것이다.) 제자 원리, 운용법, 용례 등을 담은 〈해례解例〉편과 훈민정음의 창제 이유와 창제자, 훈민정음의 우수성을 밝힌 〈정인지 서문〉으로 이루어져 있다.

〈예의〉편은 비교적 짧기 때문에 《세종실록》에도 포함되어 있으며, 〈월인석보〉에도 실려 있다. 그러나 〈해례〉편은 세상에서 자취를 감춘 까닭에 문살과 문고리를 보고 한글을 만들었다는 근거 없는 이야기들이 만들어지기도 했었다. 그러던 중 간송 전형필 선생이 각고의 노력 끝에 1940년 안동에서 해례본을 발견하였으며, 일제의 탄압을 피해 보관하였다가 해방 후 공개하게 된 것이다. 해례본이 공개됨으로써 한글의 창제자와 한글의 제자 원리에 대한 여러 낭설들을 일거에 해소할 수 있게 된 것이다. 훈민정음 해례본은 중세 세계 언어학의 집약체라고 해도 과언이 아닐 정도로 과학적인 체계를 가지고 있으며, 세계 역사상 유례가 없는, 백성들을 위해 기획해서 만든 글자라는 점 때문에 국보 제70호로 지정되었을 뿐만 아니라 1997년에는 유네스코 세계문화유산으로도 지정된 바가 있다.

그런데 현재 간송미술관에 소장된 훈민정음 해례본은 원래 세종대왕께서 글자를 만든 취지를 이야기한 어제御製 서문이 없는 것이었다. 이 부분은 실록에 있는 부분을 참조하여 필사해 넣은 것이기 때문에 완전한 책이라고 할 수는 없다. 그런데 2008년 상주에서 현재의 국보보다 온전한 형태의 훈민정음 해례본이 세상에 나온 것이다. 이번에 집에 화재가 난 배 씨가 집을 수리하다가 발견했다고 했지만, 이내 골동품 업자인 조모 씨는 배 씨가 절도한 것이라고 소송을 제기하였고, 광홍사에서는 이 책이 애초에 명부전의 복장물이었던 것인데 도굴당한 장물이라고 주장하였다. 긴 소송 끝에 대법원에서는 조 씨의 소유로 인정하였고, 조 씨는 죽기 전에 국가에 기부하겠다고 하였다. 그럼에도 불구하고 배 씨는 훈민정음 상주본의 반환을 거부하고 끝까지 버티고 있는 와중에 이번과 같은 사고가 발생한 것이다.

우리나라가 세계에 가장 자신 있게 내놓을 수 있고, 세계인들이 한국에만 있는 유일무이한 문화재로 인정하는 것이 무엇인가? 바로 훈민정음이다. 그럼에도 불구하고 우리는 이 사건을 연예인들의 사생활 문제나 정치인들의 늘 있는 정쟁보다 가벼운 것으로 보고 있다. 그렇게 가벼운 문제로 보아왔기 때문에 처음 공개된 뒤 7년이 지난 지금도 국민들에게 돌아오지 못하고 어디선가 훼손되어가고 있는 것이다.

지금이라도 늦지 않았다. 우리 모두가 훈민정음 상주본을 찾을 때까지 눈을 부릅뜨고 감시를 하고, 언론에서도 이 사건의 처리를 중요하게 다루면서 계속 주의를 환기해야 한다. 정부도 앉아서 문화재가 돌아오기를 기다릴 것이 아니라 공권력의 엄정함을 보여주어야 할 것이다.